心
스틸러

心
스틸러

마침내, 마음을 여는 열쇠를 얻다.

이현종 지음

이와우

프롤로그
세 가지 힘

'저는 CD라는 직업을 가진 사람입니다.' 난감하긴 하지만 사람들을 만나서 인사를 나눌 때면 꼭 하게 되는 말이다. 광고 쪽 일을 하는 사람들에게는 친근하다 못해 진부하게까지 들리겠지만 다른 사람들에겐 여전히 낯선 단어임이 틀림없다. 그래도 이젠 TV 같은 데서도 심심치 않게 들리는 걸 보면 대중적으로도 조금은 가까워진 것 같다.

광고를 하는 사람들끼리 술자리라도 가질 때면 이런 날이 온 것 자체가 참으로 신기하다는 식의 이야기를 많이 한다. 처음 광고에 입문할 때를 생각해보면-늘 이런 식의 도입은 본인이 꽤 늙었다는 얘기를 하는 것 같아 피하고 싶긴 하지만-이곳의 모든 용어가 낯설기 짝이 없었으며, 도대체 뭐하려고 사람들을 그렇게 부르는지 어떻게 보면 우스워 보이기도 했다.

물론 대학 다닐 때 광고과목을 몇 차례 수강은 하였으나, 그것이 어떤 자발적인 동기라기 보다는 시간이 잘 맞아서라든가 혹은 친구 따라 강남 가기식의 수강이었던 걸로 기억한다. 그러니 카피라이터나 AE 같은 용어도 생소하게 들렸으리라. 어쨌든 그때나 지금이나 그렇게 용의주도하게 뭔가 계획을 하며 산다는 것은 나에겐 너무 힘든 일이다.

그래도 이제는 어엿하게 CD 노릇도 하고 나름대로 이름도 알려지기도 했으니 대견한 구석도 있다. 아내가 늘 의아해하는 게 바로 그 점이다. 게으르기 짝이 없고 뭐 하나 변변하게 할 줄 아는 게 하나도 없는 데 월급은 쉬지 않고 잘 갖다 주니까 말이다. 딱 룸펜인데… 영문을 모르겠다는 눈치다. 나도 내가 가진 역량만큼의 직업이 있다니 신기한 노릇이라고 생각한다. 만약 어떤 연고로 다른 종류의 직업을 갖게 되었다면 여러 사람들에게 민폐가 되었을 텐데, 그나마 운 좋게 잘 맞는 옷을 찾아 입게 되어, 오래 이 일을 하고 있는 것 같다.

CD는 크리에이티브 디렉터Creative Director라는 영어의 이니셜이다. 크리에이티브 디렉터라는 말 그대로 CD는 크리에이티브 인더스트리에서 일하면서 프로젝트를 총괄하고 설계하며 의사결정을 하는 사람들을 말한다. 나는 광고 크리에이티브 디렉터다. 따라서 이 글은 광고업계에서의 크리에이티브 디렉터에 대한 나의 생각이다.

내가 생각하는 크리에이티브 디렉터는 음악 쪽으로 보면 싱어송라이터에 가깝다. 광고는 보통 많은 사람이 함께 일하는데, 그 일의 핵심은 무엇보다 아이디어다. 광고의 아이디어는 어떻게 보면 지렛대와 같다. 지렛대가 그렇듯, 아이디어는 움직일 것 같지 않던 사람들의 마음을 아주 쉽고 간단하게 얻게 해준다. 그것은 한마디의 말이 될 수도 있고 한 장의 그림이 될 수도 있다.

'어떻게 하면 그녀의 마음을 얻을 수 있을까' 이런 고민에 빠진 젊은이는 어떻게 할까? 그녀를 위해 편지를 쓸 수도 있고, 세레나데를 부를 수도 있고, 생각지도 못한 선물을 줄 수도 있고, 매일 집 앞에 꽃을 가져다 놓을 수도 있을 것이다. 아무튼 상투적인 방법으로는 그녀의 관심을 사기 어렵다. 더욱이 요즘과 같은 디지털 시대에는 얼마나 다양한 방법이 존재하는지, 생각하면 머리가 아플 일이다.

연애는 또한 고도의 심리전이기도 하다. 그래서 밀당을 잘하는 사람이 연애도 잘한다. 오래전 어떤 선배가 말하길 광고는 소비자에게 보내는 연애편지라고 했다. 그러니까 연애편지 잘 쓰는 놈이 광고도 잘 한다는 것. 일리 있는 말이다.

말이 옆으로 샜는데 CD를 싱어송라이터와 비교하는 것은 어떻게 보면 건방진 생각일 수도 있다. 광고는 많은 사람들이 모여 만들어낸 팀워크의 결정체인데 마치 자기가 다한 것 같고 전적으로 자신의 작품처럼 말하는 것 같아서 그렇다.

그럼에도 광고에서 CD의 역할과 힘은 절대적이다. 그것은 '광고의 본질이 아이디어라는 지렛대를 찾는 것이다'라는 명제가 변하지 않는 한 유효하다. 물론 모든 CD가 싱어송라이터를 지향하는 것은 아니다. 그럴 필요도 없다. 어떤 CD는 작곡만 잘하고, 어떤 CD는 가수나 연주자이기를 원한다. 또 어떤 CD는 편곡에 능하고, 어떤 CD는 그냥 비즈니스맨이나 정치인(?)의 길을 걷기도 한다. 아예 CD의 역할과 잘 맞지도 않는데 그 일을 하고 있는 CD들도 이 업계에는 많이 있다. 조금 더 쉽게 이야기하면 광고는 광고 목표의 설정, 아이디어의 설계, 설득 그리고 그 아이디어의 구현이라는 과정을 담고 있다. 싱어송라이터를 지향함은 그 모든 과정에서 그와 걸맞는 상당한 오너십을 가져야 한다는 의미다.

그냥 좋은 가수라는 이야기는 아이디어의 구현 쪽에만 능하다는 말이 된다. 그러니까 사실 싱어송라이터를 지향함은 건방진 이야기이기도 하고 어떻게 보면 미련한 이야기이기도 하다. 그럼에도 좋은 CD란 좋은 싱어송라이터여야 한다는 주장을 거둬들일 생각은 없다.

그렇다면 좋은 CD가 되기 위해서는 어떤 자질이 필요할까?

그 질문에 가끔 내놓는 대답이 있다. 생각의 힘, 감각의 힘, 설득의 힘이 그것이다. 鼎(솥 정)자의 모양은 솥과 솥을 바치고 있는 세 개의 다리를 형상화하고 있다. 이 鼎 자처럼 광고는 생각의 힘, 감각의 힘, 설득의 힘이라는 세 다리가 탄탄하게 균형을 이루어야 한다. 이 세 개의 힘은 광고뿐 아니라 우리가 그 어떤 일을 하더라도 중요한 힘일 것이다. 어떤 사람은 생각의 힘은 짧은데 감각의 힘이 넘치고, 어떤 사람은 생각의 힘과 감각의 힘은 훌륭한데 설득의 힘이 모자라는 경우가 있다. 사실 이 모든 능력을 출중하게 겸비한 사람은 극히 드물다.

그래서 광고를 좌뇌와 우뇌의 아름다운 밸런스라고 말하는 건지도 모르겠다. (가끔 나는 좌충우돌이라는 표현을 쓰곤 하는데, 좌뇌와 우뇌의 아름다운 충돌이라고나 할까.)

재미있는 건 생각의 힘, 감각의 힘, 설득의 힘의 함량은 개인의 문제일 수도 있지만, 한 광고 회사의 질을 평가할 때도 중요한 잣대가 될 수 있다. 한 광고 회사를 받치고 있는 세 개의 큰 축으로도 볼 수 있다는 것이다. 이 세 개의 축이 하나같이 밀도가 높고 튼실하다면 좋은 광고 회사겠지만, 어느 한쪽이 기운다면 늘 불안할 것이다. 또 역할로 보면 생각의 힘은 카피라이터, 감각의 힘은 아트디렉터, 설득의 힘은 AE의 영역으로 볼 수도 있다. 말하고 나니까 색의 3요소마냥 뭐 대단한 거라도 발견한 것 같다.

결국, 이 모든 것은 사람을 움직이기 위한 기술이다. 욕망의 근저를 움직여 구매를 하게 하든 인식을 변화시키든 표를 찍게 하든, 결국 사람을 행동하게 만들기 위해 존재하는 힘인 것이다. 도대체 사람들을 움직이게 하는 것은 무엇일까? 나는 늘 그에 대한 대답을 내놓아야 하는 위치에 있어왔다. 어쩌겠는가. 이 질문은 평생을 안고 가는 수밖에.

마음이가다마음이머물다마음이놓이다마음이생기다마음
에걸리다마음에들다마음이쓰이다마음을다스리다마음이
아프다마음에두다마음이일다마음이있다마음이없다마
음을훔치다마음이무겁다마음이가볍다마음을나누다마음
이식다마음을잡다마음을접다마음을쓰다마음을버리다
마음이통하다마음에닿다마음에담다마음을열다마음을받
다마음을들키다마음을빼앗다마음을주다마음을쏟다마
음이편하다마음에남다마음이곱다마음에새기다마음을졸
이다마음이떨리다마음을바꾸다마음을녹이다마음을보다

마음이란놈이나를갖고논다
올해는이놈을항복시켜야겠다
방바닥에누워고구마를먹으며
마음을먹다

차례

프롤로그
세 가지 힘 • 004

1장. 의미의지, 인간을 관통하는 핵심 • 012

2장. 감정을 다루는 기술 • 030

3장. 왜 아트를 범하는가 • 054

4장. 본질로 승부하라 • 078

5장. 자잘하게 봐야 보이는 것들 • 104

6장. 세상에 태어나 처음 본 것처럼 • 118

7장. 삐딱하게 • 140

8장. 루키즘은 시대의 종교다 • 172

9장. 운명의 힘 • 188

10장. 재미즘의 나라 • 208

마치며
내가 만난 아주 사소하지만,
       특별한 사인Sign들에 대한 보고서 • 220

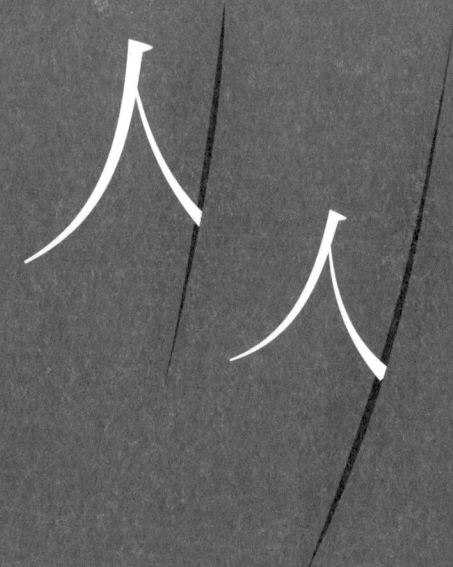

1장. 의미의지, 인간을 관통하는 핵심

잊히지 않는 의미를 만들어내는 일이다. 아무것도 아닌 것을
특별하게 만들기이며, 보이지 않던 것을 보이게 만들기이며,
어제까지 아무 관계도 없던 것들을 지금부터는 없어선 안 될 관계로
만드는 일이다.

1장.
의미의지, 인간을 관통하는 핵심

광고의 신神은 이렇게 말했다.

1492년, 콜럼버스 신대륙 발견. 공부를 그리 열심히 하지 않았음에도 아직 연대까지 기억하고 있는 걸 보면 꽤나 중요한 사건이었음은 분명하다. 지구는 평평해서 가다 보면 낭떠러지로 뚝 떨어질 거라는 통설을 깨고 과감히 전진을 했던 이 모험가는 위인전의 단골 손님이었던 걸로도 기억하는 데, 나이가 들면서는 참으로 어처구니 없는 역사라며 그를 마구 비난했던 기억도 있다.

그도 그럴 것이 인디언 입장에서 보면 참으로 황당한 사건이고, 허무맹랑한 날조가 아닐 수 없다. 이미, 수천, 수만 년을 경작하고 있던 땅에 들어와 오순도순 살던 사람들을 죽음으로 내몰고 신대륙의 발견이라고 축하해마지 않는 것은 예의가 아니지 않은가. 그 정도했으면 한 주州정도는 뚝 떼어서 인디언들한테 줄 법도 한데 말이다. 꽃샘추

위에 오들오들 떨다 들어와 차 한잔 마시는데, 갑자기 인디언 썸머라는 단어가 떠올랐다가, 그만 생각이 미친 말처럼 북아메리카 대평원까지 내달려버렸다.

실은 꽃샘추위라는 말이 이쁘기도 하거니와, 추위가 가시지 않은 한낱 봄바람을 언어화하는 사람들의 심사가 참으로 궁금하던 차, 인디언 썸머라는 단어가 떠올랐다. 어떻게 보면 완전히 다른 시점에 대한 비유인데, 언어를 통해 의미와 감정을 교환하고 싶어 하는 인간의 마음은 동이나 서나 매한가지 같아 호기심이 발동했다.

꽃샘추위가 뽀로통한 입술이라면, 인디언 썸머는 기대고 싶은 어깨다. 꽃샘추위가 뜻밖의 태클이라면, 인디언 썸머는 뜻밖의 행운이다. 꽃샘추위가 신고식이라면 인디언 썸머는 환송회다. 꽃샘추위가 그래도 기쁨이라면, 인디언 썸머는 그래도 슬픔이다.

어쨌든 꽃샘추위나 인디언 썸머나, 생각해보면 아무것도 아닌 그 무엇인데, 생명이 생기고 의미가 생기고 이야기가 생기게 되었으니, 언어의 힘은 놀라울 따름이다. 가끔 업계 사람들이나 후배들과의 술자리에서 이런 말을 할 때가 있다. "내가 생각하는 진짜 광고의 신은 말이야, 저 죽부인이라는 말을 만들어낸 사람이야. 봐, 그냥 대나무 통발에 불과한 놈한테 존재의 의미를 만들어줬으니 말이야."

광고는 어떤 관점에서 잊히지 않는 의미를 만들어내는 일이다. 아무것도 아닌 것을 특별한 것으로 만들기이며, 보이지 않던 것을 보이게 만들기이며 어제까지 아무 관계도 없던 것들을 지금부터는 없어선 안 될 관계로 만드는 일이다. 그런 점에서 '인간 존재를 핵심적으로 관통하는 것은 권력의지도 아니고 쾌락의지도 아니고 바로 의미의지이다'라고 말한 빅터 프랭클Viktor Frankl의 통찰은 의미심장하다. 사람이 산다는 것은 '의미'를 산다는 것이다. 살아야 할 이유와 의미가 삶을 지탱한다는 말이다. 그리고 인간에겐 그런 의미를 찾고자 하는 본능적 의지가 작동하고 있다는 통찰이다. 그 자신이 아우슈비츠 수용소에서 끝까지 살아남으면서, 살아남은 자는 육체적으로 강인한 자가 아니라 살아야 할 이유를 갖고 있는 사람이었다는 것을 목도하면서 깨달은 것이다. 머릿속에서의 인식이 아니라 처절한 경험을 바탕으로 깨우친 진리라 많은 사람에게 감동을 주는 것 같다.

빅터 프랭클의 통찰은 인간의 본질이기도 하거니와 감히 광고의 본질과도 상통하고 있다는 생각을 해본다. 인생에 있어서 의미는 사는 이유Reason to live가 되지만, 광고에 있어서 의미는 사는 이유Reason to buy가 되기 때문이다.

왜 엄마는 외계인일까?

오래전 모 아이스크림 광고를 할 때였는데, 아이스크림 이름을 영화 제목으로 지어보자고 제안한 적이 있다. '바람과 함께 사라지다', '엄마는 외계인', '아이 엠 샘' 같은 이름을 추천하면서 광고주를 설득했던 기억이 있다. "여러분, 제가 여러분을 처음 만나서 '안녕하세요. 이현종입니다' 하는 것과 '안녕하세요. 넙치입니다' 하는 것 중에 어떤 쪽이 기억에 남으세요?"(그때 왜 하필이면 넙치라고 그랬는지는 아직도 모르겠다.) 여기저기서 웃음이 들렸지만, 많은 분이 이해해 주었고, 제품과 광고는 세상에 빛을 보게 되었다.

한동안 아이스크림 광고를 담당하면서 아이스크림 이름들이 별 의미 없이 원료 중심으로 지어져왔다는 것이 늘 불만이라면 불만이었다. 그러던 어느 날, 광고주쪽에 들어가 회의를 하고 있는데 어떤 인턴 사원 하나가 아무 생각 없이 중얼댔다. "아이스크림 이름들이 좀 재미없는 것 같아요. 드라마나 스토리도 없구…" 하지만 그 자리에서 그 친구의 말을 귀담아 들은 사람은 별로 없었다. 그렇게 회사에 돌아왔는데 그 친구의 말이 머릿속에서 떠나지 않았다. '맞아. 왜 맨날 원료 중심 이름에서 벗어나지 못하지. 메이커에겐 의미 있지만 대중들한텐 정보제공 그 이상의 의미를 갖지 못하잖아' 분명히 일리 있는 생각이었다.

광고도 광고지만 먼저 제품 이름을 바꿔보자는 생각을 했다. 메이커에게가 아니라 대중에게 의미 있는 이름으로. 그래야 감정이입도 되고 사귀고 싶은 마음도 생길 것 같았다. 그것이 바로 우리가 찾던 지렛대 역할도 해주리라는 생각이었다. 그러려면 제목에 어떤 스토리가 담겨 있어야 했다. 그것도 아주 재미있는. 그런 우리에게 영화 제목은 더할 나위 없이 좋은 소재였다. 중요한 소비층인 여대생들을 사로잡기에도 그만한 도구는 없어 보였으니까.

며칠 후에 프레젠테이션을 했고, 넙치의 힘(?)으로 난 그 산을 넘었다. 그리고 '바람과 함께 사라지다'를 시작으로, '아이 엠 샘', '엄마는 외계인', '셸 위 댄스'까지 영화 제목을 타이틀로 하는 새로운 아이스크림 라인(사진1)이 줄줄이 탄생했다.

지금 시장에 어엿하게 나왔으니까 말이지, 당시에는 아무리 아이스크림이라도 '엄마는 외계인'이라는 이름은 좀 너무한 것 아니냐는 비판도 있었다. 그럼에도 오히려 '엄마는 외계인'이 시장에서 제일 효자 노릇을 하는 것을 보면 그 또한 아이러니이기도 하다. 물론 맛이 통하니까 재구매가 이루어진 것이기도 하지만, 어쨌든 클라이언트 입장에서 그런 이름을 결정한다는 것은 대단한 용기다.

비하인드 스토리지만, '엄마는 외계인'은 처음엔 아이들을 겨냥해서 만든 아이스크림이었다. 그래서 톡톡 튀는 알갱이도 많이 들어 있었다. 내 기억엔 이 아이스크림 이름을 들고 가서 광고주에게 이렇게 말했던 것 같다.

"왜 있잖아요. 아이들과 엄마의 관계. 특히 우리나라 애들에게 엄마는 늘 잔소리꾼이잖아요. 공부했니, 학원 갔다 왔니? 이런 애들이 엄마에게 복수하는 장면을 생각해보세요. 이 아이스크림을 먹을 때 아이들은 얼마나 고소하겠어요. 엄마는 외계인이라고 놀릴 수 있으니… 애들만 느낄 수 있는 일종의 쾌감 같은 게 있을 거에요. 이 아이스크림은 애들 사이에서 엄청 뜰 거에요. 그렇지 않을까요?"

이런 황당한 이야기를 하는데도, 경청해주며 지지해주는 광고주가 있다는 것은 얼마나 든든한가. 그래서 난 늘 광고주 복이 많은 사람이라고 얘기한다.

그런데 간혹 이 이야기를 하면 "아니, 그게 광고 회사에서 만든 거였어요?"하고 놀란 듯 물어본다. 그도 그럴 것이, 당연히 제품과 브랜드는 광고주에서 만드는 걸로 알고 있기 때문일 것이다.

난 가끔 이렇게 제품이나 브랜드 자체를 새로 만들고 싶은 충동이 일 때가 있다. 그게 더 효과적으로 보일 때는 말이다. 어쨌든 모든 마케팅 활동의 시발점이 제작팀 회의실이 된다는 것은 꽤 즐거운 경험이다. 아이디어를 내는 과정도 그 어떤 회의 보다 웃음꽃 만발이었다. 그러니 회의를 하다 보면 자정을 넘기기 일쑤였다.

어느 날, 카피라이터였던 ㅂ 군이 집에 좀 다녀오겠다며 머리를 긁적였다. "실은 오늘 지가 하는 날이라서…" 부산 친구였던 ㅂ 군은 서울 여자 만나 장가들었다고 꽤나 좋아했지만, 애가 잘 들어서질 않았다. 님을 봐야 뽕을 따지 내 책임도 좀 있는 것 같아, 괜스레 미안한 마음이 들었다.

"그래, 그래. 빨리 들어가. 내일 보자." 퇴근하라는데도 ㅂ 군은 한 사쿠 잠깐이면 된다며, 곧 돌아오겠다는 말을 남기고 회의실을 나갔다. 의사 상담도 하고, 둘이 합궁해야 하는 날도 받았는데 오늘이 그 날이란다. 당장 가보라 할 수밖에, 남의 집 대를 잇는 일인데 그걸 누가 막겠는가. 한 시간 좀 넘었나, ㅂ 군이 실실 웃으며 회의실로 들어왔다. "하고 왔심니더." 다들 어이없어 하긴 했지만, 다시 돌아온 ㅂ 군을 내치지는 못했다. 그렇게 낳은 딸 둘이-ㅂ 군은 쌍둥이를 낳았다-지금은 예쁜 사춘기 소녀들이 되었다.

모두들 광고 하는 재미에 푹 빠져 살던 시절이었다. 사실 그 동안 만든 광고 중에서도 나는 '엄마는 외계인' 편을 가장 좋아한다. 이 광고는 일종의 유희 광고이기도 하다. 사실 이런 식의 유희 광고를 우

▲ **사진 1 | 배스킨라빈스 캠페인**
영화 제목으로 아이스크림 이름을 만들자는 생각은 지금 생각해도 즐거운 아이디어다

리나라에서 보기란 쉽지 않다. 웃어야 할지 울어야 할지 모를, 진지한데, 알고 보면 진지하지 않은, 그냥 농담 같은 광고… 그 당시 그런 유머 스타일을 이해해주는 광고주를 만났다는 것은 행운이다. 한 번쯤 만들고 싶었던 스타일이었으니까.

그런데 가만히 생각해보면, 이 광고들은 뭔가 앞뒤가 잘 안 맞는 구석이 있다. 사실 '엄마는 외계인'이나 '아이 엠 샘' 같은 이름에서 의미 있는 의미를 찾기란 여간 어려운 일이 아니다. 이미 가졌던 경험, 즉 기억을 통해서 가졌던 영화적 텍스트와 아이스크림이라는 제품을 의미 있게 관련 짓는 일이 쉽지 않기 때문이다. 어떻게든 의미를 찾으려고 노력하다 난감해지는 자신을 발견할 따름이다.

아이러니하지만 나로서는 사실 이 점에 의미를 두었다. 그것이 이 광고가 가진 덫이라면 덫이라 할 수 있다. 사람들은 무엇에든지(그것이 제품이든, 현상이든, 물건이든, 사람이든, 날이든, 시간이든, 장소든) 그것에 어떤 서사를 던지면 자동적으로(혹은 본능적으로) 어떤 의미를 만들어내고 그것을 집단적으로 내면화한다. 그런데 재미있는 것은 그것이 넌센스적 서사일지라도 그런 행동을 하는 것 같다. 뭔가 의미가 없으면 큰일이라도 날 것처럼 의미를 찾으려고 한다. 그것이 안 되면 자의적 해석을 통해서라도 의미를 만들려는 의지가 작동하는 것이다.

이 의미의지를 이용한 일종의 유희가 이 광고들의 핵심이다. 다시 말해, 이 이름들은 사실 아무런 의미가 없다. 단지, 뭔가에 늘 의미를 갖고 싶어 하는 인간의 심리를 역이용했다고 할까.

단순히 자기가 가졌던 영화에 대한 서사를 비틀어서 보여준 광고의 재미가 그들에게 어떤 의미로 작동하든, 또 어떤 의미를 찾느라고 무의미한 시간을 보내든, 아니면 그냥 자의적인 해석을 통해 자기만의 의미를 갖든, 그것은 우리에게 중요하지 않다.

중요한 것은 이미 우리가 놓은 덫에 그들이 빠져버렸다는 것이다. 그래서 이 광고들은 유희 광고이면서, 의미를 빙자한 일종의 무의미 광고이다. 사람들은 이 광고를 가끔 닉네임 캠페인이라고 부르곤 하는데, 어떤 의미에선 맞는 말이고 어떤 의미에선 틀린 말이기도 하다.

모든 바람에는 스토리가 있다

오늘날의 죽부인은 에어컨이다. 사람이 만든 여러 발명품들 중에서도 에어컨은 그 기특함으로 보면 가히 독보적이다. 과거 싱가포르의 리콴유 수상은 에어컨을 20세기 최고의 발명품으로 꼽았다고도 한다. 동남아 지역에선 육체가 감당하기 어려운 더위 때문에 한낮에는 낮잠을 자야 할 정도로 노동을 적게 하는 것이 생존의 필법이었고, 생산성 같은 얘긴 통할 리 만무했다. 그런데 에어컨이 절대 고정변수라 할 수 있는 환경조건을 바꾸고 그 지역 사람들의 기질마저 바꿔놓았으니 찬사에 찬사를 더해도 아깝지 않을 것이다.

나는 개인적으로 에어컨을 좋아하진 않으나 어쩌랴, 몸은 점점 에어컨에 길들여져 가는걸. 신혼 초에 미루고 미루다, 처음 에어컨을 샀는데(그해는 몇 십 년만의 무더위로 에어컨 동이 났었다) 그날 저

녘 그 빵빵한 냉기를 감당 못해 아내와 난 겨울 이불을 꺼내 덮고도 오들오들 떨며 잤던 아주 촌스러운 기억도 갖고 있다.

지금이야 차 안이고 빌딩 안이고, 에어컨의 냉기가 없는 곳이 없다. 그래서 여름날엔, 가끔 온몸이 무기력해지며 머리가 한동안 묵직한 느낌이 오래 지속되다 보면 냉방병이란 병을 의심하게 되는데, 생각해 보면 이 냉방병만큼 이상한 병도 없는 것 같다. 옛날 같으면 임금님도 걸리기 어려운 병이었을 것이다. 차 타고 체육관 가서 열심히 걷거나 뛰고, 다시 차 타고 가는 사람을 보는 것만큼이나 신기한 병이다.

그런데 에어컨은 원래 냉방을 위한 기계는 아니었다. 윌리스 캐리어Willis Carrier라는 사람이 고안해냈을 때는 습기를 제거하는 기계였다고 한다. 그는 당시 인쇄소를 경영하고 있었는데, 습기가 최대의 적이었고 습도를 맞추기 위해 발명해낸 기계(그래서 이름도 에어컨디셔너Air Conditioner다.)가 지금의 에어컨으로 발전했다. 어쨌든 여름철만 되면 청량음료, 아이스크림과 함께 에어컨 전쟁이 시작된다. 하지만 알고 보면 이 싸움은 사실 겨울부터 시작하는 것이 관행이었다. 여름 준비 미리미리 하라고 겨울부터 예약판매라는 마케팅을 했고 따라서 가을이면 벌써 다음 해 광고를 준비해야 했다.

마켓에서의 경쟁은 점점 치열해졌고, 다른 곳과 경쟁해야 하는 프레젠테이션을 준비해야 했기에 나로서도 많은 신경이 쓰였다. 사실 난 에어컨 광고를 한 번도 해본 적 없어서 공부할 거리가 많았는데, 기계란 것이 알면 알수록 모르는 것이 더 많아지는 것이 모를 일이었다. 처음에 내가 문제의식을 가지고 눈여겨 본 것은 사실 기존 에어컨 광고의 형식이었다. 어떻게 보면 조금은 뻔한 방법, 유명모델이 나와 시원한 장소에 가서 시원한 바람을 맞으며 무슨 말인지 알 듯 모를 듯 한 신기능을 굉장히 자랑스럽게 말하는 방법은 탈피했으면 했다.

내가 주목한 것은 바람의 단계가 기존에는 1도씩 차이를 뒀는데, 신제품에선 0.5도씩 차이를 뒀다는 점이었다. 나에겐 참으로 반가운 뉴스처럼 들렸다. 한 칸 올리면 덥고 한 칸 내리면 춥고, 늘 바람이 좀 더 미세하게 컨트롤됐으면 했는데, 이번 에어컨에선 그게 가능하다니 그냥 구매자로서도 매력적으로 다가왔다. 뭔가 덜 야만적이고 배려심 같은 것이 느껴졌다. 그런데 이걸 어떻게 이야기하는 것이 좋을까가 고민이었다.

사람들이 에어컨에 바라는 것은 한마디로 시원함이다. 무더위를 한 빙에 날려버릴 냉방력. 뭐니 뭐니 해도 이것이 에어컨의 본질이다. 하지만 이제 냉방기계의 기능 싸움은 그만하고 싶었다. 별반 크지도 않은 냉방기계의 성능 차이를 이야기하지 말자. 아니 그건 너무 당연한 것이니 이젠 방법을 바꿔보자.

예컨대 에어컨도 단순한 기계로서 보다는 '내 삶에 있어서 어떤 의미와 감정'으로 존재하게 할 수 있었으면 좋겠다는 생각을 했다. 0.5도 간격의 에어컨은 처음이었고, 그 세밀함 속에 뭔가 내밀한 이야기가 숨겨져 있을 것 같았다. 그런 의미에서 콜드 보다는 쿨이 더 적합한 단어로 느껴졌다. '그때 그때 맞는 옷을 찾아 입듯, 이제 그때 그때 컨디션에 맞는 가장 쾌적한 바람을 찾아 쓰세요'라고 이야기 해볼 수도 있지 않을까. 그것이 내 생각의 출발이었다. 에어컨보다는 에어컨디셔너, 에어컨디셔너보다는 라이프컨디셔너로 재해석해보자는 것이었다.

그렇게 생각하니 바람도 단순히 바람이 아니었다. 기계가 만드는 냉기가 아니라 바람 하나하나에 어떤 의미와 감정을 담아낼 수 있을 것 같았다. 모든 바람에는 스토리가 있지 않은가.

예를 들면 샌프란시스코에 갔다가 저녁나절 부둣가에서 맞던 바람, 원두막에서 수박 먹으며 땀을 식힐 때 불던 바람, 연인의 머리칼을 넘기던 바람, 시베리아 벌판을 울부짖으며 달리는 바람… 생각해보면 모든 바람엔 이야기가 있다. 그런 바람들을 꺼내 쓸 수 있는 바람 공장. 그것이 내가 생각한 앞으로의 에어컨이었다.

그렇다면 18도부터 30도까지 온도 간격이 0.5도, 그리고 바람의 세기를 5단계로 조절할 수 있으니까, 우리는 125가지의 바람을 소유하게 되는 것이다. 나는 그 125가지의 바람에 일일이 이름을 붙여주기로 했다. 바람 하나하나가 나에게 어떤 의미로 다가오도록. 김춘수 시인의 꽃처럼.

시베리아의 밤180T1 시베리아의 밤180T2 시베리아의 밤180T3 시베리아의 밤180T4 시베리아의 밤180T5 아이스에이지185T1 아이스에이지185T2 아이스에이지185T3 아이스에이지185T4 아이스에이지185T5 북위66.5°190T1 북위66.5°190T2 북위66.5°190T3 북위66.5°190T4 북위66.5°190T5 설국195T1 설국195T2 설국195T3 설국195T4 설국195T5 한파주의보200T1 한파주의보200T2 한파주의보200T3 한파주의보200T4 한파주의보200T5 노르웨이의 숲205T1 노르웨이의 숲205T2 노르웨이의 숲205T3 노르웨이의 숲205T4 노르웨이의 숲205T5 자작나무의 노래210T1 자작나무의 노래210T2 자작나무의 노래210T3 자작나무의 노래210T4 자작나무의 노래210T5 폭풍의 언덕215T1 폭풍의 언덕215T2 폭풍의 언덕215T3 폭풍의 언덕215T4 폭풍의 언덕215T5 겨울연가220T1 겨울연가220T2 겨울연가220T3 겨울연가220T4 겨울연가220T5 닥터지바고225T1 닥터지바고225T2 닥터지바고225T3 닥터지바고225T4 닥터지바고225T5 나이아가라폴스230T1 나이아가라폴스230T2 나이아가라폴스230T3 나이아가라폴스230T4 나이아가라폴스230T5 쿨재즈235T1 쿨재즈235T2 쿨재즈235T3 쿨재즈235T4 쿨재즈235T5 냉정과 열정사이240T1 냉정과 열정사이240T2 냉정과 열정사이240T3 냉정과 열정사이240T4 냉정과 열정사이240T5 뉴욕의 가을245T1 뉴욕의 가을245T2 뉴욕의 가을245T3 뉴욕의 가을245T4 뉴욕의 가을245T5 자전거여행250T1 자전거여행250T2 자전거여행250T3 자전거여행250T4 자전거여행250T5 구름위의 산책255T1 구름위의 산책255T2 구름위의 산책255T3 구름위의 산책255T4 구름위의 산책255T5 야간비행260T1 야간비행260T2 야간비행260T3 야간비행260T4 야간비행260T5 가을날의 동화265T1 가을날의 동화265T2 가을날의 동화265T3 가을날의 동화265T4 가을날의 동화265T5 새벽산책270T1 새벽산책270T2 새벽산책270T3 새벽산책270T4 새벽산책270T5 캘리포니아드림275T1 캘리포니아드림275T2 캘리포니아드림275T3 캘리포니아드림275T4 캘리포니아드림275T5 갈대숲을 흔드는 바람280T1 갈대숲을 흔드는 바람280T2 갈대숲을 흔드는 바람280T3 갈대숲을 흔드는 바람280T4 갈대숲을 흔드는 바람280T5 리빙하바나285T1 리빙하바나285T2 리빙하바나285T3 리빙하바나285T4 리빙하바나285T5 그린파파야의 향기290T1 그린파파야의 향기290T2 그린파파야의 향기290T3 그린파파야의 향기290T4 그린파파야의 향기290T5 Surfin' USA295T1 Surfin' USA295T2 Surfin' USA295T3 Surfin' USA295T4 Surfin' USA295T5 목련꽃그늘300T1 목련꽃그늘300T2 목련꽃그늘300T3 목련꽃그늘300T4 목련꽃그늘300T5

이렇게 바람 하나하나를 의미화하고 론칭용 신문 광고 시안도 만들었다. 그리고 TV 광고 안까지 구성해 프레젠테이션 준비를 마쳤다.

어떤 프레젠테이션은 기다려진다. 아이디어에 대한 확신으로 조금 오버하면, 깜짝 놀랄 청중들을 빨리 만나고 싶어진다. 그래서 나는 가끔 프레젠테이션은 '하는 것'이 아니라 '해지는 것'이란 말을 하곤 한다. 말을 잘 하는 것이 아니라, 속속들이 고민하고 준비가 완벽해지면 방언 터지듯 말이 터진다. 잔에 물이 차서 넘쳐흐르듯이 말이다.

"우리는 버스 기사에게 어떤 특별한 감정을 느끼진 않습니다. 우리는 자신의 삶에 어떤 의미를 가진 것에만 특별한 감정을 갖습니다. 지금까지의 에어컨은 단지 버스 기사와 우리의 관계 정도였습니다. 그것을 기능가치라고 하지요. 하지만 이번에 우리는 에어컨과 우리의 관계를 어떤 특별한 관계로 만들고 싶었습니다. 기능가치를 넘어 우리의 브랜드가 내 삶에 어떤 의미가 되고 감정이 되어 특별한 애착 관계가 되도록 만들고 싶었습니다. 그것이 비슷비슷한 기능을 가진 에어컨 시장에서 우리의 에어컨이 에어컨 이상의 의미를 가질 수 있는 방법이기 때문입니다."

뭐 이런 식의 이야기로 인트로를 열었던 것 같다. 지금까지 하던 방식과는 확실히 다른 방법의 광고였고, 그래서인지 광고주의 반응도 조금은 놀라는 눈치였다. 며칠 후, 광고주는 우리 쪽의 손을 들어 주었다. 나는 새로운 패러다임의 에어컨 광고를 하게 된다는 설렘에 어린아이처럼 기뻐했다. 하지만 기쁨도 잠시, 연말이 가까워지면서 인사이동이 있었고 담당했던 마케팅 임원의 이동도 있었다. 제품도 새로운 기능이 추가되면서 광고 이슈도 바뀌게 되었다. 그리고 우리는 새로운 광고 아이디어를 내야 했다. 현실은 사실 이렇게 행운 보다 불운이 더 많다.

아쉽지만 바람의 의미화는 다음을 기약할 수밖에 없었다.

1807　　19
1875

1976
2013
1993
2015

2장. 감정을 다루는 기술

우리의 상상력이 뿌리를 내려야 할 곳은 여전히
인간의 깊은 욕망 속이어야 한다.
인간의 오욕칠정五慾七情은 그대로이며,
단지 시대마다 다른 옷을 입고 다른 스타일로 꿈틀댈 따름이다.

2장.
감정을
다루는
기술

눈물의 기억

마침내 매캐한 바람을 일으키며 고속버스가 들어오고 있었다. 대합실에 앉아있던 사람들이 하나둘씩 승차장 쪽으로 걸어가는 모습을 보며 무심히 앉아 있던 아버지와 나도 누가 먼저랄 것 없이 자리에서 일어나 사람들 속으로 걸어들어 갔다.

그날의 태양은 왜 그렇게 뜨거웠는지 하마터면 난 좌석에 털썩 주저앉은 채 아버지의 존재를 잊을 뻔했다. 다행히 녹슨 쇠를 긁는 듯한 시동 소리에 나도 모르게 차창 밖으로 고개를 돌렸는데, 그 순간의 아버지 모습은 그 이후로 내 기억의 수첩 속에 단단히 포스팅되었다. 그때 아버지는 뒤돌아 서 있었고-그렇기 때문에 직접 확인할 수는 없었지만-뒤돌아선 채 고개를 들어 하늘을 보고 있었다. 아버지는 눈물을 참고 있었음에 틀림없었다. 혹여 아들이 볼까봐 저어하는 당신의 슬픈 몸뚱이를 뒤로한 채 버스는 그렇게 논산을 향해 출발했다.

내가 추억하는 '훈련소 가던 날'의 이미지는 대충 이렇다. 아버지는 겨울바람처럼 차가운 성격의 소유자였다. 어머니 말에 의하면 아버지가 우는 모습을 본 건 평생 딱 한 번뿐이었다고 한다. 내가 태어났을 때 나를 품에 안으신 채 눈물을 보이셨단다. 조실부모하고 마흔이 다 돼서야 결혼하고 얻은 아들이니 그 감회가 남달랐으리라 짐작은 하지만, 그 깊은 눈물의 곡절이야 누가 알겠는가!
반면에 어머니는 일일이 열거할 수 없을 만큼 눈물을 흘린 눈물의 여왕이었다. 그날 고속버스 터미널에 나오지 못한 것도 그걸 잘 아는 식구들의 간곡한 만류 때문이었다. 강부자가 울면 강부자 따라 울고, 고두심이 불쌍하면 고두심이 불쌍하다고 운다. 참으로 드라마 작가들에겐 고마운 손님이지 않을 수 없다. 한번은 이 여든 가까운 할머니의 그 금지옥엽같은 손자, 그러니까 내 아들 녀석이 군대에 갔을 때 일이다. 어머니는 그 다음 날부터, 눈물의 여왕답게 몇 날 며칠을 손자 생각에 주르륵 주르륵 눈물로 지새더니만, 아니나 다를까 몸져누우시기도 했다. 정말 다정도 병이다.
그런데 이쯤에서 고백하자면 불행하게도(?) 난 어머니의 눈물샘을 물려받았다. 남자라는 이유 때문에 타인의 눈을 이리저리 피할 뿐이지—사실 이 부분에서 난 상당한 테크닉을 보유하고 있다—어릴 때부터 수컷의 기상과는 거리가 멀었던 것 같다. 사춘기 때는 그게 싫어 일부러 욕을 가까이하면서 거친 남자의 이미지를 확보하려고 노력(?)

했던 적도 있다. 그렇게 한다고 호박이 수박 될 리 만무하지만 말이다.

어쨌든 미국의 한 통계에 따르면 남자는 한 달에 1.4회 여자는 5.3회 운다고 하니 눈물이 많은 것은 확실히 여자의 성징인 듯 하다. 그런데 재미있는 사실은 보통 화학적 눈물의 98%가 물로 구성되어 있는 데 비해 슬퍼서 흘리는 정서적 눈물 속에는 다량의 독소가 포함되어 있다고 한다. 이런 사실을 보면 눈물을 펑펑 쏟고 나서 찾아오는 일종의 카타르시스 혹은 마음의 평화는 과학적으로도 꽤나 설득력이 있다.

눈물을 쏟는다는 것은 결국 체내의 독소를 몸 밖으로 배출시키는 치료과정으로 볼 수도 있으니까 말이다. 그러니 한 달에 4배 정도 독소를 더 방출시키는 여자들이 남자보다 오래 사는 건 당연하지 않을까. 결국, 여성의 자가치유 메커니즘이 훨씬 정교하다는 뜻일진대, 그녀들의 생물학적 완성도에 경의를 표하게 된다. 어쨌든 눈물은 참으면 독이 되나니, 남자들이여! 이불 속에서라도 마음껏 눈물을 흘리시라.

오렌지면 오렌지고 사과면 사과다.

인간은 감정의 동물이다. 그리고 광고는 감정을 다루는 기술이다. 그 사람을 울려야 할 때도 있고 웃겨야 할 때도 있고, 놀라게 하기도 하고 불안하게 만들기도 한다. 어쨌든, 광고는 타깃-이 단어는 썩 마음에 들지 않는다. 늘 사격장의 그 과녁판이 생각나기 때문이다-이라고 여겨지는 사람들의 어떤 감정을 이끌어내는 작업이다. 그래서 제품을 파는 것이 아니라 마음을 사는 것이라는 말도 있는 것이다.

하지만 말이 그렇지, 마음을 움직이는 것이 얼마나 어려운 일인가. 세상에서 가장 어려운 일이 사람의 마음을 얻는 일이라 했거늘, 내가 지금 그 일을 하고 있다고 생각하면 간담이 서늘해지지 않을 수 없다. 아내와 아이들의 마음도 못 얻고 있는데 무슨 수로 그 많은 사람의 마음을 얻을 수 있을지, 참으로 막막하다. 그래도 아무리 웃기는 개그맨도 가족들은 못 웃긴다는 얘기를 들으면 가끔 위안이 되기도 한다.

예전에 카피를 쓰고 싶다고 다짜고짜 한 친구가 찾아온 적이 있었다. 다짜고짜는 아니고 꾸준히 카피를 쓰기 위한 연습을 해왔고 마침내 입문을 결심한 터였다. 그리고 보니 사내보(그 당시에는 회사 내 직원들끼리 소통의 장으로 사랑방이라는 이름의 타블로이드판 신문을 발행했다.)에서 이름을 본 기억이 있었다. 그 친구가 연재하고 있던 꼭지는 꽤 인기가 있어서 사내에서는 이미 유명인사였다. 티격태격, 회사 내에서 일어나는 동료와의 이야기를 입담 좋게 풀어내 많은 직원에게 이미 '아주 잘 웃기는 친구'로 소문나 있었다.

그런데 이 친구의 소속이 제작팀이 아니고 오히려 경영기획팀이었다는 게 그 친구를 주목하게 만들었다. 아니, 그 정도 재능이면 능히 제작팀에서 카피라이터를 하고도 남을 것 같은데… 라는 것이 많은 사람의 의견이었다. 본인도 그런 부추김을 꽤 많이 받기도 했단다. 그러던 차에 그 친구가 카피라이터로 출사표를 던진 것이다.

사실 난 개인적으로 처음부터 카피라이터를 지망한 사람보다는 다른 일을 하다 카피라이터로 이직하고자 하는 사람에게 좀 더 애정이 간다. 나 자신이 미디어파트에서 근무하다 카피라이터하기를 열망해 옮겼던 것도 있지만, 그냥 국문과 나와서 카피라이터로 입사하는 아주 뻔한 루트의 사람들보다, 이런 사람들이 카피를 더 잘 쓴다는 이상한 편견이 있기도 했다. (이건 어쨌든 나의 그릇된 편견임을 자인한다.)

어쨌든 회사가 태평성대를 누리던 시절이라 큰 어려움 없이 우리 팀의 카피라이터로 입성하는 데 성공했고, 그 친구의 명함엔 이제 카피라이터라는 글자가 박혔다. 그리고 그 밑엔 그 친구의 이름, 윤제균이라는 이름 석자가 단단히 프린트되었다. 윤제균 씨는 나중에 영화를 만드는 일을 하게 되었고, 「해운대」라는 영화는 천만이 넘는 관객이 봤다. 최근엔 「국제시장」으로 온 국민을 영화관으로 불러들였다. 윤 감독은 웃기는 재주가 정말 남달라서 별것 아닌 것도 윤 감독이 얘기하면 사람들이 배꼽을 잡았다.

감독이 된 것도 의외였다. IMF시절, 전 직원이 돌아가며 한 달씩 휴가를 써야 하는 럭셔리(?)한 사태가 벌어졌다. 당연히 무급이었고, 회사는 경영난을 돌파하기 위한 고육지책이라고 했다. 윤 감독 말로는 그때, 무슨 일로 인해-여러 얘기를 했는데 잘 기억 나지 않는다-월급 한 달 안 들어오면 쌀독에 쌀도 떨어질 형편이라 아내와 고민에 빠졌고, 급기야는 쉬는 한 달 내내 시나리오를 썼다고 한다. 시나리오 공모에 응모해 상금을 타리라는, 아니 타야만 한다는 '쌀독정신'이 그를 움직였다는 것이다.

그러고는 드라마처럼 '신혼여행'이라는 작품이 대상에 당선되고, 터진 물꼬를 따라 흘러가다 보니 감독이 되었다는… 이거야 원 믿어야 할지 말아야 할지, 본인의 이야기가 그냥 영화였다. 어쨌든 윤 감독은 웃기기도 잘하고 감동도 잘하는 스타일로 눈물도 많고 천성이 따뜻한 사람이었다. 하루는 회의 중에 특유의 그 너스레를 떨기 시작했다. "아, 팀장님 이런 광고 함 만들면 안 될까요. 막 웃기다가도 눈물이 나는, 웃기면서도 찡한 그런 거 있잖아요. 아 그런 거 함 만들고 싶은데…" 주로 화장품 광고를 하던 팀에서 이건 또 갑자기 무슨 자다가 봉창 뜯는 소리인가. "야, 광고는 15초야. 웃기기도 힘든데, 퍽이나 되겠다. 영화라면 몰라. 영화처럼 호흡이 길어야 되잖아, 그런 건." 실은 말하면서도 내심 '그런 광고를 만들 수 있다면 나도 얼마나 좋겠니'하는 마음이 깔려 있었다.

그 후 윤 감독은 영화처럼 정말 영화를 만들었다. 가끔 안부전화가 올 때면 그리 따뜻한 소리를 못해 미안하긴 한데, 난 그의 영화가 그의 천성을 고스란히 닮을 날이 오리라 믿는다.

그리고 한참 후, 난 윤 감독의 너스레처럼 웃기기도 하고 울리기도 하는 광고를 만들 기회를 얻게 되었다.

오즈라는 상품은 휴대폰을 PC처럼 쓸 수 있는, 그 당시로는 획기적인 서비스였다. 그러니까 휴대폰으로 인터넷도 할 수 있고 이메일도 받을 수 있다는 얘기였다. 지금 생각하면 소가 웃을 일이지만, 때는 스마트폰이 세상을 점령하기 전이라 모두들 시장을 발칵 뒤집을 기대감으로 가득 차 있었다. 자고 일어나면 바뀌는 것이 요즘 세상이다. 특히, 정보통신이나 휴대폰 분야의 발전은 발전이라는 말을 검증할 틈도 없이 진화를 거듭하고 있다.

어떤 의미에서 세상은 스티브 잡스 이전과 이후로 나뉜다. 그때는 잡스 이전의 시절이었다. 그것도 바로 이전의 일이었으니, 지금 생각하면 깊은 한숨이 나올 일이다. 어쨌든 당시로 돌아가보면 'PC가 내 손 안으로'라는 구호는 강렬했고, 멋진 신세계를 약속하는 듯이 보였다. 이름도 '오즈의 마법사'의 오즈로 정해졌고, 출격의 시간은 하루하루 다가왔다. 하지만 정작 출범 광고 시점이 다가왔을 때 갑자기 다른 프로젝트를 급하게 맡게 되는 바람에 우리는 오즈와 멀어져 버렸다.

그리고 몇 달 후 오즈팀이 다시 찾아왔다. 시장의 반응이 시큰둥하다는 것이다. 그도 그럴 것이 당시 S 사나 K 사가 워낙 강자라 웬만해서는 바다에 돌 던지기 격으로 끝나기 십상이었기 때문이다. 대포와 소총의 대결이었고 골리앗과 다윗의 대결이었다. 이런 저런 공략을 하였으나 의미 있는 고지를 점령했다는 소식은 들려오지 않았다.

"그렇다면 이건 브랜드의 문제 아닐까요. 이렇게 편리하고 좋은데 시장이 움직이지 않는다면, 확실히 브랜드의 매력이나 충성도가 약한 거에요. 브랜드로 갑시다." 오히려 광고주에서 이런 목소리가 커지기 시작했다.

후발 브랜드들은 이렇게 힘겨운 싸움을 할 수밖에 없다. 처방약의 강도를 높이거나 아예 다른 방법을 찾을 수밖에 없었다. '버릴 수 있다면 다 버리자'는 얘기까지 나왔다. 그냥 오즈라는 브랜드가 이슈를 일으키고 오즈라는 브랜드가 브랜드로서 스캔들만 일으킨다면 그 어떤 것도 감당하자는 얘기였다. 이래서 좋고, 저래서 좋으니 쓰세요, 는 그다음의 문제였다. 그러고 나니 문제는 아주 단순해졌다. 모든 문제가 이렇게 단순해져야 한다. 그래야 길이 보인다.

사실 단순화한다는 것은 본질을 보자는 얘기고 본질을 보다 보면 오히려 큰 길이 보인다. 광고를 하면서 가장 먼저 배운 것이 바로 이 단순화에 관한 문제다. 광고주들은 하고 싶은 말이 너무 많다. 그도 그럴 것이 자기 새끼인데 얼마나 예쁘겠는가. 그리고 광고란 것이 한 두 푼 쓰는 것도 아니고 하고 싶은 말 다하고 싶은 것이 인지상정이다. 그래도 참아야 한다. 버릴 때 얻는 법이다. 양손에 오렌지를 들고 있는 사람에게 사과를 던지면 오렌지를 버리고 사과를 받거나 사과를 그냥 떨어뜨리거나 하는 두 가지 길 밖에 없다. 오렌지면 오렌지고 사과면 사과다. 단순해야 한다.

크레이그 데이비스라는 CD는 이런 말을 한다.

"우리가 하는 일을 단순화 할 수 있을 때까지 단순화 해야 합니다. 하지만 중간에 사람들이라든가 프로세스 때문에 복잡해지죠. 저의 시간 대부분은 전략서를 단순화하고, 기대반응을 단순화하고, 일하는 방법을 단순화하고, 아이디어를 단순화하는 데 쏟습니다. 사람들에게 어떤 반응을 기대하기 위해선 결과물 혹은 자극이 단순해야 합니다."

전적으로 공감한다. 스티브 잡스 또한 심플리즘 Simplism의 예찬론

자다.

단순함은 복잡함보다 더 어렵다. 생각을 명확히 하고 단순하게 만들려면 열심히 노력해야 한다. 생각을 단순하게 만들 수 있는 단계에 도달하면 산도 움직일 수 있다.

단순함은 결단이다. 단순함은 최종이다. 단순함은 정직이다. 단순함은 최소화이자 최대화이다. 그리고, 단순함은 본질이다. 오즈와 관련된 많은 사람들이 숱한 시행 착오를 겪으며 배운 사실이 있다면 이 단순함의 미덕이라고 생각한다. 그럼에도 광고를 하면서 드는 회한 중의 하나는 이렇게 많은 수업료를 내고 배운 경험을 다른 프로젝트를 하면서 또 반복해야 한다는 것이다. 사람들은 불에 데어봐야 불이 뜨거운 걸 깨닫는다.

우리는 원점으로 결국 돌아왔고, 오로지 한 가지 목표는 하고 싶은 말들 좀 참고, 오즈라는 '브랜드만 띄우자'였다. 그때 기획팀을 맡고 있던 ㄱ 국장의 입에서 「구타유발자들」이라는 영화 얘기가 나왔다. 불행히도 나는 그 영화를 보지 못했다. 영화를 보지 않았지만 ㄱ 국장의 생각을 이해하는 데는 크게 어려움이 없었다. 결론은 하류인생들을 다루면 그게 오히려 공감이 가지 않겠느냐는 얘기였다. 고백하자면 처음에 나는 이 의견에 격렬히 반대했다. 브랜드의 가치를 해친다는 논리를 앞세웠는데, 가뜩이나 시장 내에서 세련되지 못하다는 인식 때문에 고전하고 있었기 때문이었다.

하지만 가만히 생각해보면 그것이 차별화고, 그게 오히려 우리의 강점이 될 수도 있겠다는 생각이 들기 시작했다. '세상에 그렇게 세련된 사람들만 있나요. 그런 사람들 가식덩어리 같지 않아요? 광고도 가식덩어리 같고.' 마음속에서 이런 말들이 간질간질 일어났다. 생각해보면 사람들 대부분이 우리 같은 무지렁이들일진대, 무지렁이들끼리 서로 업신여기고 머리 굴리고 티격태격 하는 모습에서 훨씬 더 공감을 불러일으킬 수 있을 것 같았다. 그러면서 정情이라는 그 우거지 같은 녀석을 푹푹 끓이고 우려낸다면 그 또한 즐겁지 아니하겠는가.

어쩐 일인지 광고주도 이번엔 무슨 짓이든 할 태세였다. 기왕 해보는 거라면 갈 데까지 가봐야겠다는 생각이 들었다. 이상하게 옛날부터 한 번 해보고 싶은 장르가 시트콤이었던지라 이때다 싶었다. "대한민국 최초로 시트콤 CF 한번 만들어보지. 한번도 안 해봤잖아. 그냥 드라마를 만드는 거야. 광고가 아니라." 그 때 내 생각은 아예 광고를 하지 말자였으니 참으로 용감을 넘어 무모에 가까운 생각이었다.

진짜 오주상사라는 시트콤드라마를 제작하고 광고가 아닌 드라마를 소비하게 만들자고 제안했다(사진1) 오주상사가 뜨면 오즈도 뜰 거라는 생각이었다. 성동격서聲東擊西라는 그럴 듯한 말까지 동원했는데 말하고 나니까 꽤 그럴듯해 보였는지 사람들이 그것 참 그럴듯하다는 표정을 지어 보였다. 마침내 제작 회의실이 캐스팅으로 분주해지기 시작했다. 처음부터 염두에 두었던 B급 인생 전문 배우 이문식,

유해진, 오달수 등은 이의가 없었다. 젊은 친구로는 스마트해 보이긴 하나, 사실 그 역시 허당인 초보사원 역엔 이민기가 가세했다.

마지막으로 팀장역이 고민이었는데 아주 생뚱맞은 인물이 필요했다. "에이 그런 사람은 너무 뻔하잖아요. 맨날 나오는 사람 말고… 누구 없을까?" 광고주 ㄱ 과장도 시안을 만지작거리며 고민하는 표정을 지어 보였다. 그때 장미희라는 이름이 누구의 입에서 어떻게 나왔는지는 잘 모르겠으나 갑자기 장미희 씨 이름이 거론되기 시작했고 그들의 팀장역으로 그만큼 생뚱맞은 캐스팅도 없어 보였다. 그 우아한 장미희 씨가 보여줄 코믹연기는 새로운 펀치가 될 것으로 기대를 모았다. 다들 흥분하며 벌써부터 흥행대작이나 된 양 법석을 떨어댔다.

심지어 강남 어느 포차를 빌려 기자들까지 불러놓고 제작발표회도 가졌다. 광고 만들면서 기자회견까지 해본 건 난생처음이었다. 모두들 이 캠페인을 난생처음의 캠페인으로 만들고 싶었기에 난생처음인 아이디어를 많이 냈던 것 같다.

오주상사는 7화까지 이어졌다. TV 광고는 보통 15초가 기본이라 오히려 온라인으로 시청자를 유도하는 역할을 했는데 나가자마자 인터넷 조회수가 폭발적이었다. 클릭 수가 증가하며 인기가 치솟았고 우리도 광고주도 만면에 희색이 가득해졌다. 주목받지 못하는 사람들을 주인공으로, 주목받는 광고가 되는 이상한 일이 벌어졌으니 세상은 참 모를 일이다.

그즈음에 이문식 씨는 공중파에서 실제 시트콤 주연을 하고 있었음에도 인기가 오주상사만 못하다며 투덜대곤(?) 했다. 어쨌든 코믹 연기의 달인들이라 촬영현장은 웃음이 끊이지 않았다. 거기에 장미희 팀장까지 가세하면서 우리의 의도대로 드라마의 풍미가 더해졌다. 인기를 타자, 대중들은 우리가 생각지도 못했던 러브라인까지 만들어내며 스스로 소비자에서 생산자로 위치이동을 하기도 했다.

눈물과 웃음을 사용하기 전에

오주상사는 기본이 웃음이다. 하지만 웃음과 눈물이 교차하는 지점에서 스토리를 풀어내고 싶었고, 한 번쯤은 그 옛날 윤제균 감독의 말처럼 웃음과 눈물이 공존하는 광고를 만들고 싶었다. 게다가 2008년도의 세상은 여전히 팍팍했고 직장인들의 삶은 그다지 행복할 일이 없었기 때문이기도 했을 것이다. '회의는 영어로' 편 같은 걸 보면, 보는 내내 웃음이 터지지만 영어를 못하면 낙오할 수밖에 없는 현실을 풍자하고 있다. 분명히 웃기지만 마냥 웃기만 하기엔 왠지 서글픈 생각도 든다. 인생은 멀리서 보면 희극이지만 가까이서 보면 비극이란 말도 있지 않은가. 그래도 어쩌겠는가. 슬퍼도 웃고 허무해도 웃고, 웃을 일이 많지 않은 세상에선 그런 식으로라도 웃을 수밖에.

대체적으로 우리의 스토리들은 완전한 허구이기도 하고, 어떤 것들은 개인적인 경험을 바탕으로 하고 있기도 하다. 연말이 다가오자 이 고달픈 샐러리맨들에게 위로가 되는 광고를 만들어보기로 했다. 몇 년 전의 추억 하나가 불현듯 떠올랐고 그 날의 이상한 해후를 팀원들에게 떠들어대기 시작했다.

▲ 사진 1 | LG 텔레콤 오주상사 캠페인

그해 연말도 여느 해와 다름없이 맥없이 풀린 두 눈과 비틀거리는 발걸음의 나날이었다. L 호텔에서 광고주와 모임을 가진 후 지하 주차장으로 내려온 나는 지친 몸을 힘겹게 건사하며 곧 온다는 대리기사를 기다리고 있었다. 멀리서 덩치가 좀 있어 보이는 친구가 반갑다는 듯 내 쪽을 향해 뛰어오는 것이 보였다.

"대리 부르셨지요?" 숨을 몰아쉬며 대리기사는 좀 늦어 미안하다는 듯 멋쩍게 웃으며 자동차 키를 받아 쥐었다. 대답 대신 나는 대리기사를 빤히 쳐다보았다. "혹시 너~ ㅇ 아니냐?" 아무리 봐도 분명히 ㅇ이었다. 25, 6년이 흘렀지만 얼굴은 거의 그대로였고 몸집도 별 변함이 없어 보였다. 분명했다. 고등학교 때 꽤 친하게 지낸 ㅇ 군은 졸업 후 한 번도 본 적 없었는데-사실 무슨 무슨 모임이라면 지뢰 피하듯 피해 다녔기에 당연하겠지만-사정이야 어찌됐든 이렇게 만나니 그렇게 반가울 수가 없었다. 쑥스럽긴 했지만 우린 반갑게 인사를 나눴다.

차를 몰고 가며 ㅇ은 이런 저런 얘기를 들려주었다. 작은 건설회사에 다니는데, 그쪽 월급으로는 애들도 커가고 돈이 턱없이 모자라다는 얘기였다. 마누라 알면 괜한 걱정할까 봐 새벽까지 일하는 척하면서 몰래 대리 알바를 뛰고 있다고 했다. 잠이 모자라서 그렇지 그럭저럭 살림에 도움이 된다며 웃어댔다. 고등학교 때는 덩치도 있고 꽤 남자답고 호기로웠던 것 같은데, 그런 소시민의 모습은 그와 잘 어울리지 않아 보였다. 가깝게 지냈던 고등학교 동창애들 소식을 주고 받다, 갑자기 난 ㅇ에게 술이나 한잔 더하고 가자고 청했다. (왠지 그래야 할 것 같았다.) 녀석도 술이 당겼는지 마다하지 않았다. 우리는 집 대신 술집으로 달렸다. 갑작스런 조우에 술과 밤은 깊어갔고 술김에 우리는 이 녀석 저 녀석 전화를 돌려댔다. 난데없이 한밤의 동창회가 열렸다. 비몽사몽 어떻게 집에 왔는지 기억이 나지 않았고, 그 후 우리는 다시 만나지 못했다.

그날의 기억을 떠들다 '대리운전' 편을 만들게 됐다. 연말 회식을 마치고 나오다, 아쉬운 이문식이 2차를 제안하며 대리운전을 불렀는데 대리기사로 온 양반이 아무리 봐도 이문식과 닮은 꼴이라는 설정이었다. 대리기사로 조우하게 된 사람은 사실 이문식의 형. 형과 앞좌석에 탄 이문식의 감정이 미묘하다. 둘의 생김새가 너무 닮았다며 낄낄대는 뒷좌석의 동료들… 미안해하는 이문식에게 오히려 잘될 거라며 희망을 속삭이는 형의 눈빛이 안쓰럽다.

신파지만 짠하다. 사람들은 웃음도 좋아하지만 눈물도 좋아한다. 눈물과 웃음은 광고에게 영원한 친구다. 마음의 빗장을 열기에 그만한 열쇠는 없기 때문이다.

하지만 한 사람을 웃기고 울리는 일이 어디 쉬운 일인가. 그것도 어떤 의도를 뒤에 감추고 있다면 더욱 조심스러울 수밖에 없다. 그럼에도 광고는 그 사람의 마음을 잡기 위해 계속해서 낚싯대를 던질 수밖에 없다. 하지만 머리를 굴리면 굴릴수록 작전만 들킬 뿐이지 오히려 마음과 멀어질 때가 많다. 마음이란 녀석은 참으로 묘해서 같은 말이라도 누가 하느냐에 따라 다르게 반응하고, 때와 장소에 따라 마음을 얻기도 하고 욕을 먹기도 한다. 왜 그럴까? 이럴 때 나는 '매력'이란 단어와 '진정성'이란 단어를 들먹이곤 하는데, 특히 진정성은 디지털시대의 설득 커뮤니케이션에 있어 대단히 중요한 의미를 갖고 있다.

미안한 건 미안한 거다.

계량적으로 추적해본 바 없지만 진정성이란 단어가 대중성을 획득한 기점-쉽게 이야기하면 내 귀에 많이 들리기 시작한-을 난 노무현 대통령으로 보고 있다. 이건 순전히 주관적인 촉에 의존하고 있는지라 자료를 들고 반박하는 분이 있다면 슬며시 꼬리를 내릴 용의도 있다.

하지만 이 단어를 오래전부터 꽤나 의미 있게 챙겨온 사람으로서 노무현 대통령 이후부터 이 단어가 힘을 받기 시작했다고 보는 것은 나름 이유가 있다. 그 단어에 가장 잘 어울리는 사람이 대통령이 되어서이기도 하거니와, 이른바 디지털 민주주의의 파워를 처음 경험하면서 정보 조작이 더 이상 쉽지 않게 돼버렸다는 인식에 기인하기도 한다. 그로 인해 많은 분야에서 탈권위가 이루어지기 시작했으며, 그를 대통령으로 만드는 데 혁혁한 공을 세운 디지털파워가 더 이상 진실 같은 거짓말을 진실인 양 내버려두지 않기 시작한 것이다.

권력이란 어떤 의미에서 정보의 비대칭에서 온다. 정보를 가진 자의 횡포와 조작을 막을 수 있는 장치가 있다면-불행히도 디지털은 집단지성도 양산하지만 그중엔 집단깡패도 있어 아직은 신중을 기해야 하지만-거짓말에 의존하는 권력이 설 땅은 점점 줄어들 것이다.

어쨌든 디지털화로 인해 양의 탈을 쓴 늑대들을 속속 발굴(?)해내면서, '진정성'이란 단어가 더욱 힘을 얻어가고 있는 추세다. 진정성은 이제 정치하는 사람들에게도 연예인들에게도 기업하는 사람들에게도 우리처럼 커뮤니케이션을 다루는 사람들에겐 더더욱, 곰곰이 곱씹어봐야 할 가치가 되었다.

이미 발 빠른 기업들은 어느 쪽이 더 돈이 되느냐를 본능적으로 감지하는 듯하다. 얄팍한 거짓말보다는 정직을, 성장과 효율의 논리 보다는 공감의 논리가 그들을 움직이고 있다. 이른바 공감경제의 시대라는 주장이 설득력을 얻고 있다. 성장과 효율 중심의 현대경제 패러다임에서 이제 공감의 표현과 공감의 획득이 하나의 비즈니스 생태계를 만드는 공감의 경제학이 작동한다는 것이다.(LG경제연구원)

하지만 진정성이 공감경제의 메커니즘 속에서 단지 돈의 노예로 전락해버린다면 진정성은 더 이상 진정성으로 존재하기 어려울 것이며 나중에는 기업을 더욱 난감히게 만들 것이다. 진정성은 도구가 아니라 기업의 철학으로 존재해야 함이 마땅한 시대가 된 것이다.

아주 오래전에 조금 기벽이 있는 카피라이터 선배가 있었는데, 카피를 잘 썼기에 망정이지 요즘같은 시대였으면 조직의 쓴 맛을 톡톡히 보았을 것이다. 어느 날은 출근은 안 하고 전화를 해서는 지금 목포에 와 있는 데 가는 중이란다. 어젯밤 술이 과한 나머지 갑자기 목포행 완행열차를 타고 싶어 올라탔다는 것이다. 아마 그날 밤 목포행 완행열차라는 노래를 죽도록 불렀던 것 같다.

잘 둘러대라는 선배의 말에, 무슨 할 말이 있겠는가. 어쨌든 빨리 올라오라고 할 수밖에. 그런데 그 선배가 썼던 카피 중에 아직도 기억에 남는 카피가 있는데, 무슨 출판사 광고였던 걸로 기억한다. (당시에는 출판사 광고가 꽤 많았다.) 책 속에 오자誤字가 발견되어 독자 제위께 송구스럽다는 내용으로 어찌 보면 굳이 이렇게까지 해야 되나 싶기도 한 광고였다. '칠칠치 못한 점 죄송합니다'라는 헤드라인의 조그마한 돌출 광고였다. 사실 신출내기 카피라이터였던 나로서는 화들짝 놀라지 않을 수 없었다. 잘못을 인정하는 면도 그렇거니와 그 솔직함에 담대함까지 느껴졌다. 굳이 상업적으로 얘기하자면 그 출판사의 용단에 경의를 표하게 되면서 브랜드에 대한 신뢰와 호의가 생기는 순간이었다. 2008년도에 나는 비슷한 상황의 신문 광고를 하게 되었는데, 그것은 순전히 ㅈ 부사장의 결단이었다. 확실히 아이디어란 좋은 생각이기도 하지만 용감한 생각이기도 하다.

그해도 LG 트윈스의 야구는 바닥권을 헤매고 있었다. 광팬까지는 아니지만 트윈스의 열성팬으로서 그해도 실망과 좌절을 거듭하며 야구 끊기가 담배 끊기보다 더 어렵다는 것을 실감하는 나날이었다. 결국 가을 야구는 멀어졌고 우리는 옛날의 영광만 곱씹을 따름이었다. 그때 ㅈ 부사장이 사과 광고를 하자는 얘기를 꺼냈다. 오래도록 광고로 호흡을 맞춰왔고 크리에이티브에 있어서도 과감함을 즐기는 분이라 이해가 가긴 했지만 '뭐 그렇게까지'라는 생각도 들었다.

하지만 ㅈ 부사장의 생각은 달랐다. '사랑해요'를 말하는 기업에서 몇 년째 팬들을 저렇게 실망시켰는데 모른 척한다는 것은 도리가 아니라는 얘기였다. 도리를 떠나 팬들에게 정말 미안했다. 그 마음을 팬들에게 진솔하게 전하자는 취지였다. 그래야 우리 브랜드에 대한 믿음도 변하지 않을 거라는 주장이었다. 분명히 일리 있는 말이었다.

급기야 나는 아주 긴 카피의 광고를 만들었다.(사진 2) 카피라기보다는 팬들에게 보내는 일종의 편지라고 해야 맞을 것 같은, 어떻게 보면 평범했다. 그냥 미안한 마음, 그리고 더 잘하겠다는 마음을 솔직하게 담고 싶었고, 거기엔 어떤 가식이나 치장이 있을 수 없었다.

그런데 광고의 반향은 의외로 뜨거웠다. 홈페이지에는 광고에 관한 댓글이 줄을 이었는데 대부분이 울컥했다는 내용, 위로받았다는 내용이 주를 이뤘다. 내 마음도 찡해졌다. 마음과 마음이 통했다는 얘기다. 사실 사람의 일상사에서 잘못했다고 사과하며 반성하기란 쉽지 않다. 기업의 입장에선 더더욱 그렇다. 늘 멈칫하게 된다. 하지만 ㅈ 부사장의 판단은 신징성의 관점으로 볼 때, 대단히 옳은 생각이다. 늘 잘한 것만 이야기하고 싶어하고, 자랑하고 싶은 것만 함께하고 싶은 것이 기업과 소비자의 관계이기 때문이다. 시리즈에서 우승하거나 했을 때 '고객 덕분입니다' 하면서 감사 세일 정도 하는 것이 상례라고나 할까.

하지만 어려울 때 옆에 있어주는 친구가 정말 친구 아닌가. ㅈ 부사장의 생각은 기업 대 소비자 혹은 브랜드 대 고객의 관계보다는 그것을 그냥 사람과 사람의 관계로 보았기 때문에 가능했다. 내가 광고 마케팅 분야에 몸담은 이래 가장 많이 듣는 단어가 있다면 이 소비자라는 단어일 것이다. 물론 나도 부지불식간에 쓰긴 하는데 웬만하면 사용을 피하려고 애쓴다. 맞는 말이지만 소비자라는 단어가 주는 규정은 낯설고 불편하다. 도구적이며 냉혹하다.

따라서 소비자로 보기보다는 먼저 사람으로 보길 권한다. 사실 그럴 때 훨씬 더 좋은 아이디어가 나오기도 하며, 양식 있는 판단을 하게 되기도 한다. 진정성의 관점은 소통을 전제로 하는 것이며, 소통은 상대를 물적 대상이 아니라 인격체로 존중할 때 작동하는 것이기 때문이다. 소비자 이전에 사람이며, 판매의 대상 이전에 소통의 대상인 것이다. 그리고 이때 무엇보다 중요한 것이 바로 감정을 이해하고 감정을 배려하고 감정을 설득하는 능력이다.

결국은 모든 것이 사람살이가 더 나아지게 만들기 위해서 하는 일 아닌가.

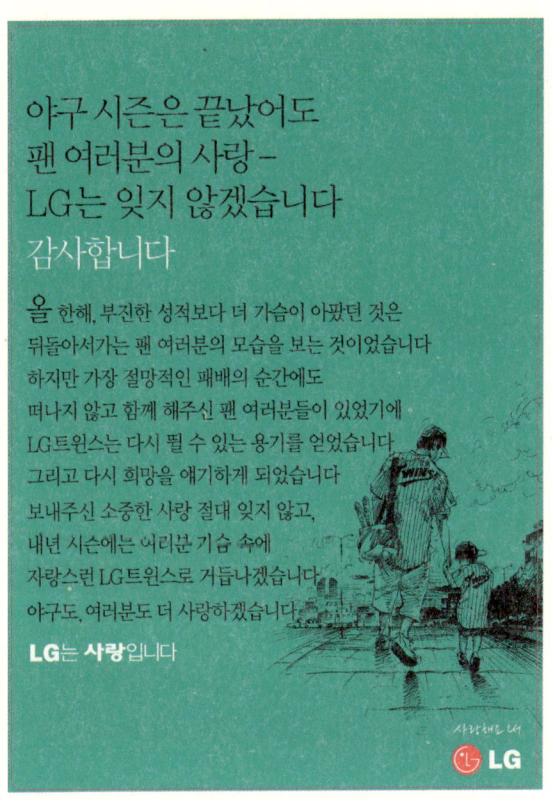

▲ 사진 2 |
2008년, 나는 아주 긴 카피의 광고를 만들었다.
미안한 마음, 더 잘해야겠다는 마음을 담은.

3장. 왜 아트를 범하는가

그것은 예술의 존귀함을 빌려 자기 브랜드와의 동질성을 강압하기도 하며,
때론 예술의 순정성과 진정성 뒤에 얼굴을 감추기도 한다.

3장.
왜 아트를 범하는가

꼬리에 꼬리를 무는 놀이

인류가 물려받은 그림이나 음악은 지금을 사는 사람들에게 많은 영향을 미치며 영감을 준다. 광고가 예술의 영역을 자주 범하는 이유 중 하나는 광고가 가지고 있는 유사 예술적 성격 때문이다. 그리고 유명 예술작품들의 경우 보편적인 공유 코드 중 하나이기 때문이다. 내가 알던 음악인데, 내가 알던 그림인데, 내가 알던 이야기인데⋯ 이런 공유 코드들을 비틀 때 대중은 시선을 멈추고 반응을 보인다. 그래서 광고를 하다 보면 인류가 가진 수많은 인문학적 자산들을 탐사하게 된다. 또한 광고 표현의 소재적 가치를 넘어 그것이 가진 인간에 대한 통찰은 광고의 스승이 되기도 한다. 광고라는 것이 모름지기 인간 해부학이며, 나름 마음 연구학이기 때문이다.

광고 모델 중 전 세계적으로 가장 많은 사랑을 받은 모델이 있다면

아마도 그것은 모나리자와 고흐일 것이다. 나 역시 이분들께 많은 빚을 지고 있다. (특히 고흐에게)

2007년부터 시작한 명화 캠페인은 3, 4년 동안 이어졌다. 꾸준히 아이디어와 표현 기법에 있어 진화를 거듭했는데, 처음에는 움직임을 자제하던 명화들이 그림 속에서 나와 춤을 추기도 하고, 실제 사람들과 교감하기도 하고, 나중에는 새로운 테크놀로지가 적용되면서 그 자체가 또 하나의 아트가 되기도 했다.

이 광고 캠페인을 이야기하기에 앞서 잠깐 와이즈벨Wisebell에 대한 이야기를 해야겠다. 이 캠페인은 내가 와이즈벨이라는 광고 회사를 차리고 처음으로 했던 캠페인이기 때문이다. 와이즈벨은 우습지만 나의 이름이기도 하다. 그냥 내 이름 현종賢鐘의 한자 뜻—어질 현, 쇠북 종—을 그대로 영어로 옮겨왔다.

광고에 흥미를 느끼면서 가졌던 생각 중에 하나가 왜 우리나라에는 자기 이름으로 된 광고 회사가 없을까였다. 사실 이름이 중요한 것이 아니라 개인의 전문성을 바탕으로 차려진 광고 회사가 우리나라에서는 매우 드물다. 미국이나 영국을 보면 광고 회사가 보통 설립자들의 이름이나 이니셜로 되어 있다. 큰 회사에서 히트 광고를 만들며 역량을 키운 광고인들이 그 회사를 나가 자기들 이름으로 회사를 차리고, 그 회사가 또 다른 역사가 되는 것이 영미 광고의 헤리티지라고 할 수 있다.

물론 대기업 중심의 경제로 발전하다 보니 우리나라만의 특수한 광고사를 갖게 되었지만, 젊은 나이에는 적잖이 현실이 불만스러웠다. 그래서 나중에 나도 번벅William Bernbach(1911~1982)이나 오길비David Ogilvy(1911~1999)처럼 내 이름으로 된 광고 회사 한번 만들어보자는 아주 치기 어린 생각을 했었다. 이루어지지 않더라도 이런 생각은 정신 건강에 그리 나쁘지 않다. 왜냐하면 그냥 괜찮은 생각이니까.

하지만 솔직히 그 꿈을 향해 매진했던 적은 한 번도 없다. 그냥 그런 생각이 나쁘지 않기 때문에, 그리고 어쩌다 술자리에서 그런 이야기를 하게 되면 꽤 멋져 보인다는 모자란 생각으로 사용했던 정도... 그래도 가끔 한가해지거나, 아주 악덕한 광고주를 만나고 온 후엔 회사 이름을 무엇으로 지을까 고민하기도 했다. 그럴 때 지어 놓은 이름을 정말 사용하게 되었다. 운명이 끌고 가는 대로 끌려가다 보니 세상에 이런 일도 벌어졌다. 사람 일 모를 일이다.

그렇지만 어렸을 때부터 현종이라는 이름이 마음에 든 건 아니었다. 사실 대부분의 사람이 자기 이름을 흡족해하는 것 같진 않다. 내가 들은 이름 중에 가장 대단한 이름은 미국 메이저리그 야구 선수인 카스트로 스탈린이다. 카스트로도 있고 스탈린도 있고 정말 대단하지 않은가. 더 대단한 건 그 선수의 미들네임이 지저스라고 하니, 풀네임은 카스트로 지저스 스탈린이 되는 것이다. 대단을 넘어 어마무시한 이름이다. 어디 가서 매 맞을 일은 없을 것 같다. 부모님이 큰 인물이 되라고 그렇게 지어주셨단다.

어쨌든 아버님이 지어준 이름, 현종을 곰곰 생각하다 보니-또 공상, 망상의 기제가 작동 한 것이다-이건 필시 광고인이 될 것을 염두에 두고 만드신 게 아닌가 하는 황당무계한 생각이 들었다. 종을 친다는 것은 무언가를 알리는 일이며 그것도 널리 멀리 보내는 일 아닌가, 깊은 여운을 담은 채. 그러자 문득 종소리를 더 멀리 보내기 위해 종은 더 아파야 한다는 이문제 시인의 시구절이 떠올랐고, 지혜로운 종이라는 내 이름이 광고와 기가 막히게 맞아 떨어진다는 생각이 꼬리에 꼬리를 물고 일어났다. 아버님의 혜안에 머리가 숙여지며 광고는 나의 숙명이 아닐까하는 허무맹랑한 신념(?)이 들어서는 순간이었다. 그리고 이름을 영어로 와이즈벨이라고 바꿔보았더니 그럴 듯해 보였다.

  2006년에 와이즈벨을 차리고 나서 겨울쯤에, LG 그룹의 그룹 광고를 맡게 되었다. 이런 종류의 광고는 여러 가지 이름으로 불리기도 한다. 기업 PR 광고, 기업 이미지 광고, 브랜드 광고, 브랜드 커뮤니케이션, 또 일본에 갔더니 마크 이미지 광고라고 부르기도 해서 신기했던 적도 있다. 우리나라처럼 대기업 구조에서는 그룹 광고라는 말로 많이 불렸는데, 지금은 LG 브랜드 광고라고 하는 편이 더 적절할 것 같다. 어쩐 일인지 주니어 시절부터 이 LG 그룹 광고와 인연을 맺었는데 지금껏 담당을 하고 있다. 이 정도면 연인을 넘어 부부의 연이라고 해도 지나치지 않은 듯 하다.

  명화를 이용한 캠페인은 종종 광고를 하다 보면 그렇듯이 느닷없이 하게 되었다. 어떻게 보면 장난으로 던진 돌 같은 것이었는데 사고를 쳐버린 것이다. 물건 파는 데도 도움되고 브랜드 이미지도 높일 수 있는, 실용적이면서도 럭셔리한, 아주 보수적이면서도 진보적인 광고를 해야 한다는 다소 억지 같은 숙제에서 시작됐다. 그런데 대부분의 광고 숙제라는 것이 이렇게 이율배반적일 때가 많다. 그러니까 크리에이티브가 필요한 것이기도 하겠지만 말이다.

어쨌든 그동안 해왔던 기업의 철학이나 생각을 이야기하는 다소 관념적인 광고보다는 마케팅에 직접 도움이 되었으면 하는 광고주의 바람이 있었는데, 문제는 LG에서 만드는 제품이 한둘이 아니었다는 것이다. 그래서 사실은 커다란 기업철학으로 브랜드이미지를 만들어 제품광고들의 우산이 되어 왔던 것이다. 고민은 깊어갔고 시간은 다가오고. 늘 그렇듯 이 사람 큰 일 나겠다 싶으니까 그제야 뇌 속의 해마가 작전 개시를 시작했다.

그리하여 탄생한 카피가 '당신의 생활 속에 LG가 많아진다는 것은 ~'이라는 화법이었다. 이렇게 하면 지금까지의 모든 고민이 풀릴 것 같았다. 마케팅에도 도움되고 브랜드 입장도 세울 수 있는 절묘한 방법을 찾았다는 생각에 서둘러 광고안을 만들었다.

'당신의 생활 속에 LG가 많아진다는 것은~', '~기분 좋은 일이 더 많아진다는 것', '~미래를 조금 일찍 만난다는 것', '~생활이 예술이 된다는 것' 등 여러 시리즈를 만들기 시작했다. 그러다 갑자기 광고의 로직은 좋은데 매직이 보이지 않았다. 말은 맞는데 흥행요소가 없었던 것이다.

드디어 정답보다는 오답을 만들 때가 된 것이리라. '생활이 예술이 된다는 것' 편에 장난을 치고 싶어졌다. 그러고는 우리 이웃들의 집에 TV가 있고 화장품이 있는 것이 뭐 그리 흥미롭겠냐며, 투덜댔다. "고흐의 감자 먹는 사람들 있잖아. 그 사람들 부엌에 전자레인지 하나 놓지. 그게 훨씬 재미있잖아."

광고의 기본적인 속성은 말도 안 되는 결합을 통해 말이 되게 만드는 것이다. 매일 보는 현실을 보고 흥미를 가질 사람은 없다. 그때 우리에게 필요한 것은 상상력이다. 꼬리에 꼬리를 무는 상상의 수렁 속으로 깊이깊이 빠져들다 보면 내 안의 이미지들이 새로운 의미를 갖고 등장하기도 하며 전혀 가능하지 않았던 충돌들이 일어나기도 한다. 그것은 새로운 세계이자, 일종의 작위의 세계다. 작가 정영문이 그의 소설 『어떤 작위의 세계』에서 말한 '나는 상상한다. 고로 존재한다.'라는 명제를 외치고 싶은 순간이기도 하다. 이 작위의 세계는 때론 낯설기도 하며 때론 우스꽝스럽기도 하다. 사물과 이미지들이 재배치되며 원래 가지고 있던 의미는 더 이상 그 의미로서 존재하지 않는다. 광고는 가끔 그렇게 탄생한다. 어떤 면에서 광고는 재구성이고 재해석이고 재배치이다.

2007년도에 처음 선보였던 명화 캠페인(사진1)은 단순하긴 하지만 그런 작위의 세계를 보여주는 좋은 예라 할 수 있다. 그 사물이 있어야 할 곳에 있지 않고 없어야 할 곳에 있어야 사람들은 관심을 가지니까. 그래야 웃음이라는 반응도 등장하는 것이다. 그렇게 이 그림 저 그림에 장난을 치기 시작했다. 여러 편 중에 광고주의 지지는 당연히 명화 편에 쏠렸다. 사실 이런 장난은 아주 초보적인 장난이긴 하지

 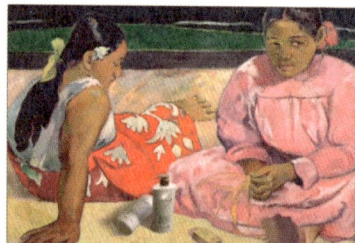 

 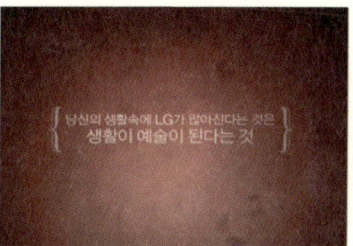 

 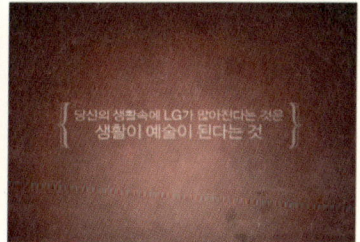 

▲ 사진 1 | (주)LG 명화 캠페인

만, 광고는 보통 이런 장난에서 시작된다. 광고는 일종의 놀이고 유희다. 사람들이 가진 질서를 흩뜨리고 부정하고 재구성하는 것이다.

명화 캠페인을 진행하면서는 뜻하지 않게 많은 그림 공부를 하게 되었다. (그림 공부라고 하면 너무 거창하고 그림을 참 많이 보았다는 편이 맞겠다.) 특히 마네, 모네, 드가와 같은 프랑스 인상주의 화가들과 고흐나 마티스 같은 화가들한텐 사과와 함께 감사 파티라도 열어주고 싶은 마음이다. 생전에 그렇게 고생한 고흐의 그림을 돈 한푼 안 주고 쓴 내 심보도 그렇지만, 가셰 박사 손에 휴대폰을 쥐여주고 통화하게 하질 않나, '고흐의 하루'라는 말도 안 되는 애니메이션을 만들어 고흐를 하루 종일 피곤하게 만들어놓기도 했다.

한 번은 캠페인 중에 남부 프랑스를 여행하게 된 적이 있었다. 당연하다는 듯 나의 발길은 아를을 향했다. 고흐가 가장 열정적으로 그림 작업을 했던 그 아를로. 뜨거운 태양 아래 지친 듯이 흐르는 론 강을 따라 발길은 어느새 한 카페에 이르렀다. 누가 가르쳐주지 않아도 그곳이 고흐의 그림 '밤의 카페테라스'에 나오는 그 카페라는 것을 한눈에 알 수 있었다.

관광객들로 북적댔지만 너무나도 예전 그대로인 모습에 마치 어디선가 고흐가 나타날 것만 같았고, 난 그만 고흐의 발에 입맞춤이라도 할 수 있을 것 같았다. 일로서 한창 고흐와 만나던 때라 나에겐 그 길이 순례 같은 느낌이었다. 캠페인을 진행하면서 고흐가 왜 위대한 화가이고, 그의 그림이 왜 그렇게도 많은 사람들에게 사랑받는지 조금은 알 것 같았으니까.

그해 연말, 나는 조금 색다른 광고를 만들자는 생각을 했다. 감사
광고였는데, 한 해를 보내며 연말연시 한정으로 짧게 일분짜리 감사
광고를 하면 어떨까 하는 것이었다. 한 해 동안 LG를 사랑해주신 분
들께 광고로 감사콘서트를 열어주자는 생각이었다. 보통 연말에는 베
토벤의 교향곡 9번 '합창' 같은 곡으로 마무리를 많이 하거니와, 나 역
시 연말에는 꼭은 아니지만 베토벤의 합창을 들으며 마무리를 했던
기억이 새록새록 났다.

계획은 '사랑해요 LG' 노래를 오케스트라로 편곡, 합창 콘서트로
만들어보자는 거였다. 노트북, 냉장고, TV, 화장품 같은 제품을 잘
이용하면 재미있는 악기 모양으로 만들 수 있을 것 같아(마치 백남준
의 첼로처럼) 뚝딱뚝딱 만들어보았는데 그럴 듯해서 신기해하며 작업
을 했다. (어디 갤러리에 전시라도 해도 좋을 것 같았다.)

제작한 악기를 연주하고 마지막에는 스케일 있는 코러스로 마무리
하면 한 편의 엉뚱한 콘서트가 탄생할 것 같았다. 나와 스텝들은 곧바
로 체코 프라하로 날아갔고, 실제로 프라하 국립오케스트라와 합창단
을 섭외해서 공연을 했다. 지금 와서 생각하면 그게 어떻게 가능했는
지, 참 겁 없이 일했다. 아니면 무식해서 용감했던 건지. (사진2)

그런데 사실 나에겐 또 다른 속셈이 하나 더 있었다. 고객 감사 콘
서트를 빙자해서 사실 그림들한테 감사하고 싶었다. 그래서 그 콘서
트의 관객으로 그동안 광고 속에서 고생해준 그림 속의 인물들을 초
대했다. 나에겐 누구보다 고생한 모델들이었으니까. (사실, 광고주에
겐 말하지 않았다.) 어쨌든 명화 캠페인은 국내에서고 해외에서고 상

▲사진 2 |
고객 감사 콘서트를 빙자해서 그림들한테 감사하고 싶었다.

도 많이 받고 사람들의 사랑도 많이 받은 캠페인으로 기억되고 있다.

나중에는 서양화와 동양화를 뒤섞어 한자리에 모이게 하기도 했는데, 고흐와 윤두서가 한 배를 타고 산천을 유람하는 모습은 지금 봐도 흐뭇할 따름이다.(사진 3) 지독히도 불우한 삶을 살다간 두 천재화가가 이렇게라도 만나 행복한 시간을 보내게 되었으니 어찌 기쁘지 아니하겠는가. 눈물이 나는 순간이다.

불륜의 종말

이렇게 한번 고유의 전형을 갖게 된 캠페인은 다양한 변주를 통해 대중과 만나게 된다. 그것은 브랜드가 성장해가는 방법이기도 하다. 그러기에 광고는 흘러가는 것이 아니라 쌓여가는 것이라고 하지 않는가. 초고속통신망인 4G LTE 광고였는데, 아주 빨라진 통신서비스를 명화를 통해 표현해볼 기회를 얻게 되었다. 사실 이런 고민은 즐겁다. 명확한 콘셉트가 있고 어떻게 보면 좌뇌보다는 우뇌를 가지고 노는 일이기 때문이다.

이번에 우리의 아이디어는 춤과 그림과 음악의 만남이었다. 어릴 적 음악 시험을 보면 늘 나오는-틀리는 일이 많았지만-안단테, 라르고, 모데라토 같은 용어들을 사용해 우리의 서비스가 가장 빠르다는 것을 표현해보자는 계획을 세웠다. 드가의 발레 그림들이 차이콥스키의 백조의 호수에 맞춰 안단테로 춤을 추다, 점점 모데라토, 알레그로로 빨라지며, 로트레크의 캉캉 그림과 오펜바흐의 음악으로 빠르기의 절정을 이루는 내용이었다. 소품이지만 개인적으로 좋아하는 광고

중의 하나다(음악 시험, 미술 시험을 이 광고로 출제하면 어떨까) (사진4)

재미있는 건 이번엔 CG에 완전히 의존하기 보다는 실제로 발레리나들에게 센서를 부착하고 촬영했다. 그리고 그것의 위치 값을 CG에 적용하는 방식(모션캡쳐: 「리얼 스틸」이나 「혹성탈출」등 많은 영화들이 이런 기법을 사용하고 있다.)을 써서 정말 그림들이 살아서 춤을 추는 것처럼 보이게 만들었다. 상상력과 기술과 아트의 결합은 도대체 무슨 짓을 할지 모를 정도다. 무엇을 상상하든 그 이상을 보게 될 것이라던 카피가 진짜 우리들의 좌우명이 돼가고 있다.

작년 초에 전파를 탄 올레드 TV 광고는 국내에서 한 번도 시도해 본 적 없었던 기술과 아트의 결합이라 LA에서 촬영을 진행해야 했다. 일종의 Salt Art(소금을 이용한 예술행위)와 광고를 접목해 본 시도였는데, 한마디로 아티스트도 우리도 해본 적 없는 모험적인 구상이었다. (TV의 화질을 표현해야 했고, 우리는 뭔가 화려하면서도 눈을 사로잡을 새로운 비주얼이 필요했다.)

파비앙이라는 스위스의 포토그래퍼는 소금에 컬러링을 하고 진동을 통해 춤을 추듯이 움직이는 소금들을 찍는 아티스트였는데, 그 우연성이 주는 아름다운 사진들이 우연히 우리의 눈에 들어왔다. 우리는 이걸 동영상으로 만들고 싶었는데, 파비앙도 스틸 사진으로만 작업을 해왔기 때문에 이 생각이 현실화될지에 대해선 누구도 장담하기 어려웠다. (이론적으로는 가능했다. 이 작업은 먼저 소금을 여러 컬

▲ 사진 3 | (주)LG 광고

▲ 사진 4 | (주)LG 광고

러로 컬러링을 하고, 그 소금들을 보통 스피커의 콘(cone) 부위에 올려 놓고, 강렬한 사운드를 전달하면—우리는 전기기타를 이용했다—콘의 진동에 의해 소금이 불규칙하게 튀어 올랐다 떨어지는 장면을 포착해 찍는 방식이었다.)

과연 소금이 올라왔다 떨어지는 순간을 동영상으로 잡아낸다는 것이 가능할까. 정말 눈 깜짝할 사이에 끝나버리고 말 텐데. 문제는 초고속카메라와 조명이었다. 우리가 보통 생각하는 초고속카메라나 조명 가지고는 턱도 없었다. 보통 우리가 보는 영상은 1초에 30프레임 정도, 그러니까 30장의 사진이 돌아가면서 만들어낸 움직임이라고 보면 되는데, 컬러 소금을 잡아내기 위해선 1초에 5천 프레임 정도가 필요했다. 이건 상상 이상이다. 우리가 일반적으로 보는 굉장히 느린 초고속 장면도 2천 프레임 내외이기 때문이다.

그리고 더 중요한 건 그때 필요한 광량光量이 엄청나서 일반 조명으로는 어림 없었다. 누군가는 핵폭발 할 때 발생하는 광량 정도가 필요하다며 고개를 설레설레 흔들었다. 실제로 촬영 시 우리는 모두 선글라스를 써야 했고, 가까이 있는 사람은 용접 시 쓰는 특수 글라스를 써야 했다. 우리나라엔 이 정도의 초고속 촬영을 할 수 있는 팀도 없었고, 가장 중요한 카메라와 조명도 없었다. 헐리우드에서도 몇몇 팀 정도만 가능한 작업이었다.

온에어 날짜는 임박해왔고, 결국 모든 관계자가 헐리우드 스튜디오로 모이기로 결정했다. 파비앙은 스위스에서 우리는 우리대로 모든 팀들이 헐리우드에 집합했다. Salt Art의 초고속 촬영은 모두들 생전

처음이라 첫날은 여러 가지 시행착오도 겪었지만 점점, 요령이 생기면서 여러 시도가 감행됐다. 턴테이블을 사용해 돌려보기도 하고, 소금 양과, 위치도 조정해 다양한 비주얼을 만들어냈다.

한 컷 한 컷, 변화무쌍한 영상이 만들어질 때마다 스튜디오는 흥분의 함성과 박수 소리로 떠들썩했다. 파비앙과 카메라 감독은 얼굴 한쪽이 시뻘겋게 그을리기도 했는데, 그만큼 조명이 강렬했다는 증명이었다. 이틀 촬영을 마치고 한국으로 돌아온 우리는 미리 골라두었던 '파가니니의 카프리치오 24번'의 격정적인 선율에 맞춰 편집을 했다. 마침내, 세계 최초의 바이올린과 소금의 환상쇼가 펼쳐진 것이었다.(사진 5)

인간이란 참 재미있는 동물 아닌가. 그 짧은 광고 영상 하나 만들어 보겠다고, 그 많은 사람이 그것도 생면부지의 여러 나라 사람들이 모여 이 난리를 펼쳐대고 있으니 말이다. 그래도 이젠 인터넷과 이메일 하나로 국경이 허물어지고 의사소통이 이루어지며 기술은 마술처럼 모든 상상을 가능하게 해주고 있으니 그저 놀라울 따름이다.

광고는 결국 글과 그림으로 이루어져 있다. 언어와 비주얼이라고 해도 무방하다. 그리고 글과 그림은 세련화라는 시대적 사명을 가지고 아트 혹은 예술과의 이종교배를 수시로 시도하고 있다. 그것은 예술의 존귀함을 빌려 자기 브랜드와의 동질성을 강압하기도 하며, 때로는 예술의 순정성과 진정성 뒤에 얼굴을 감추기도 한다.

하지만 아트 또한 귀족 자본을 대신할 자본의 수혈이 필요한 지점

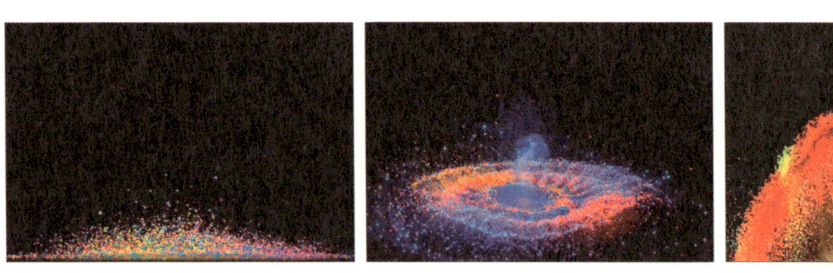

 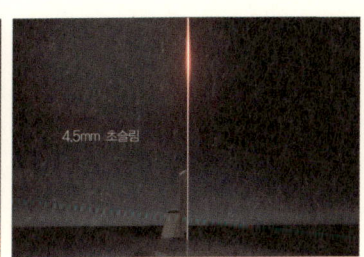 

▲ 사진 5 | LG 올레드 TV 광고
세계 최초의 바이올린과 소금의 환상쇼

에서 광고를 만나기도 한다. 그리고 사회의 통섭화 경향은 광고와 아트의 경계를 더욱 과감하게 무너뜨리며 광고가 아트가 되게 하기도 하고 아트가 광고가 되게 하기도 한다. 광고가 아트가 되고 아트가 광고가 되는 데 있어 본격적으로 깃발을 들어 올린 브랜드는 역시 앱솔루트 보드카다.

아주 오래전에 뉴욕에 연수를 갔었다. 앱솔루트 보드카 광고 시리즈를 만들었던 아트디렉터 어니 알로우Arnie Arlow씨를 만난 날 그분이 한 말을 메모한 노트에는 이렇게 적혀 있었다.

크리에이티브에 종사하는 사람은 우리 사회의 커뮤니케이션 수준을 높일 의무가 있다. 아트적이고 세련된 커뮤니케이션 방법을 제시해야 한다. 그것이 우리가 부여받은 탤런트에 보답하는 길이다. 만일 그런 방법으로는 물건을 팔 수 없다고 말하는 클라이언트가 있다면 앱솔루트 보드카의 예를 들어서 설득하라.

컬쳐마케팅이나 아트마케팅 같은 차원이든, 단순 필요에 의한 결합이든 아트와 광고의 협력은 장려할 만하다. 그것은 우선 불편하기 짝이 없는 시각공해들을 해소하는 데에 필요한 구실을 톡톡히 하고 있으며, 우리 사회의 경직성을 허무는 데에도 유쾌한 펀치를 날리고 있기 때문이다.

광고와 예술이 불륜의 관계를 넘어 동거의 관계를 지나 행복한 결혼 생활을 영위 중에 있음은 반가운 일이다.

4장. 본질로 승부하라

"트렌드의 반대쪽을 보면 된다. 요즘엔 다들 하얀색 차를 몹니다"라고
누가 말하면 까만 색 차를 몰면 된다. 그런데 이게 겁난다.
하지만 그것이 본질에 기반을 두고 있다면 용기를 낼 필요가 있다.

4장.
본질로 승부하라

UFO와 SNS

사실 난 UFO를 본 적이 있다고 믿고 있다. 그리고 참으로 생생한 그날의 기억은 착시나 몽환일거라는 주변의 비웃음을 쉽사리 감내하게 해준다. 비교적 초현실적인 이야기들에 시큰둥한 편이긴 하지만, 그날 이후로 UFO 얘기만 나오면 증인석에 자진 출두, 기를 쓰고 사실을 입증하려는 노고를 아끼지 않는다.

다만 아쉬운 건 세 치 혀 외에는 입증할 도리가 없다는 것이다. 그날 UFO는 전철역 담장 너머로 약 2, 3분간 수직 하강 쇼를 보이다 쏜살같이 사라져버렸는데 딴짓하고 있던 옆 사람들에게 달려가 저것 좀 보라고 청할 겨를도 없이 그만 난 그날의 쇼를 기억하는 유일한 생존자가 되었다. 할 수 없이 술자리 안줏감이 된 채 나만의 X파일 속에 갇히는 비운을 맞게 된 건 그러니까 오로지 기억의 주인을 잘못 만난 탓이리라. 만일 그날 내 손에 지금처럼 그 흔한 휴대폰이라도 쥐어져 있었으면... 어김없이 기록의 창에 가둬둘 수 있었을 텐데. 아쉬움에 입맛을 다시면서도 한편으로는 온전히 살아남지 못한 증거 덕택에 픽션과 논픽션을 적당히 버무려 맛깔진 구라를 가공해낼 수 있는 행운을 얻게 되었다. 어떻게 생각하면 그게 오히려 사는 맛 아닐까 하는 위안을 해본다. 뭔가 좀 모호하기도 하고, 아쉬운 것도 있는 게 인생이니까 말이다.

그러기에 0과 1로 모든 것을 가공하고, 처리하고, 저장할 수 있고 끝내는 완벽하게 재생시킬 수 있는 디지털 세상은 나처럼 겁 많은 이들에겐 너무 냉혹하고 때로는 숨막히는 공포다. 물론 새로운 문명을 처음 접했을 때 미개인들이 갖는 그런 걷잡을 수 없는 공포와 유사한 것이겠지만.

어쨌든 아쉬움이라든가, 기다림이라든가, 그리움이라든가 하는 정서들이 요즘엔 못난 사람들의 전유물 정도로 전락하는 건 아닌지 쓸데없는 걱정이 앞선다. 생각나면 길 가다가도 바로 휴대폰으로 접선이 가능하니 기다리고 아쉽고 할 이유가 없다. 한 시간이 넘게 죽치고 앉아서 '이 여자가 왜 안 오는 걸까' 하며 이 생각 저 생각하다 끝내는 쓸쓸히 일어나서 카페를 나서는 남자들을 볼 일도 없어졌다. 그냥 휴대폰 한번 눌러보면 된다. 어디에 있는지, 무얼 하고 있는지, 서로가 서로에 대해서 궁금해하느라고 시간을 낭비할 일이 없어졌다. 휴대폰은 점점 스마트하게 진화했고, 틈만 나면 메신저로 트위터로 카카오톡으로 페이스북으로 사사로운 감정을 중계하고 수다를 떨어댄다. 순식간에 만나고 털어버리고 감정의 잉여물들은 또 다른 만남으로 재빨리 소각해버린다. 모든 것이 쉽고 분명하다. 게다가 지식인과 어플들이 가세해 더욱 간단히 해결해준다. 애매한 것은 구시대적이다.

가끔 가족들과 외식을 하는 날이면 메뉴를 정한 후엔 누구랄 것도 없이 각자의 스마트폰 속으로 잠수한다-아마 먼 훗날의 인류는 지금보다 고개가 15도에서 20도 가량 앞으로 기울어질 것이 분명하다. 기린의 목이 길어졌듯이 말이다- 문득 지금 나랑 밥을 먹고 있는 이 가족이 옛날의 그 가족일까?라는 생각이 둔탁하게 머리를 때린다.

지금 그들은 누구와 그리고 무엇과 네트워크 되어 있을까. 과연 인터넷과 모바일, SNS가 만들어가는 새로운 패러다임은 축복일까, 재앙일까. 0과 1로 이루어진 디지털의 침공은 말 그대로 쓰나미다. 수천년 동안 권력을 향유할 수 있게 해주었던 정보의 독점과 비대칭성을 일거에 무너뜨리고, 비즈니스 생태계를 바꾸고, 사랑의 방법까지 바꾸고 있다. 디지털의 순기능에 박수를 치다가도 숨을 고르는 날이면 디스토피아의 악령을 꿈꾸기도 하는 것이 현실이다.

우리는 지금 인류가 한번도 경험해보지 못한 세상을 빠르게 통과하고 있음에 틀림없다. 내가 이런 걱정을 하면, 아내는 분명 "난 당신이 더 걱정이야"하며 제발 좀 카카오톡이라도 하라고 핀잔 할 것이 뻔하다. 그래도 난 뭔가 불편한 게 하나쯤 있는 게 오히려 마음이 편하다.

스마트폰은 더 이상 기계가 아니다

일전에 이런 카피를 쓴 적이 있다.

전화번호를 외우는 사람도
길을 헤매는 사람도
연인을 기다리는 초조함도 옛말이 되어갑니다.
기술은 무서운 속도로 변해가고
우리는 그 기술을 찬양하고 또 찬양합니다.
그러나 한편으로,
두려운 마음이 일어나는 것은 왜일까요?
스마트폰 기술이 좋아지면
우리는 점점 스마트해지는 걸까요?
스마트하게 산다는 것은 정말 무엇일까요?
할머니 무릎을 베고 듣는 옛날 이야기들이 사라지고
여름밤 개구리 소리를 더 이상 들을 수 없으며
가족들의 저녁 대화가 줄어든다는 말일까요?

우리는 기술의 오만에 대해서 생각합니다.
지금이라도 우리가 아이들에게 물려주고 싶은 세상을
진심으로 고민할 때,
더 가치 있는 기술을 만들 수 있다고 생각합니다.
스마트폰은 생각보다 훨씬 중요한 기계이고
세상은 생각보다 지켜가야 할 것이 참 많으니까요.

더 좋은 스마트폰을 고민하는 기업의 입장을 이야기해보고 싶었으나, 세상에 빛을 보지는 못했다. 그만큼 기술을 따라가기에 내 관념의 걸음은 너무 늦었다. 그렇게 스마트폰이 바꿔가는 세상에 대한 이

해와 오해가 머릿속에서 복잡하게 충돌하고 있을 무렵, G 폰이 등장했다.

그런데 나의 걱정과는 달리 G 폰이 가야 할 길은 명백해 보였다. S 사와의 한판 승부를 위해서도 그렇고 스마트폰의 존재 의미를 볼 때도 이제는 새로운 아젠다가 필요했다. 그리고 스마트폰은 내가 생각한 것보다 훨씬 빠르고 스마트하게 진화해가고 있었으며, 기성의 우려를 비웃기라도 하듯 이미 아이들에게는 손에 장착된 새로운 감각기관이 되어 있었다.

이제 스마트폰은 더 이상 기계가 아니었다. 나의 분신이었다. 나의 꿈, 나의 일, 나의 욕망, 나의 비밀, 나의 의식, 무의식 그 모든 것을 관장하면서, 내가 자면 같이 자고 내가 깨면 같이 깨서 일거수일투족을 함께하는 또 다른 '나'가 되어 있었다. 인정하고 싶지 않아도 인정할 수밖에 없는 시대가 온 것이다. 그렇다면 아예 그런 새로운 스마트폰의 등장을 이야기하자. 한 번쯤 완전히 다른 돌을 세상에 던지자는 용기를 부렸다. 물론 이런 용기 뒤에는 광고주 ㅈ 부사장의 굳건한 지지가 있었음을 고백해야 마땅할 것이다.

어느 날 아이디어 회의를 하다가 완전히 다른 스타일의 광고를 한번 해보자고 제안했다. 사실은 광고 안도 없었고(좀 어이없긴 하지만) '새로운 나를 만난다'라는 카피 정도만 있었는데, 이런 주제만 들고 아주 긴, 단편영화 같은 광고를 만들고 싶다는 제안을 했다. 일종의 브랜드필름 형식인데, 고만고만한 광고들과 싸우다 보면 고만고만하게 끝나고, 그러다 보면 고만고만한 브랜드로 기억될 거고, 이런 지루한 짓 그만했으면 좋겠다고 말했다.

인물이 되고 싶은가, 그럼 인물답게 행동하라는 도산 안창호 선생의 말(훌륭한 브랜드가 되고 싶은가, 그럼 훌륭한 브랜드답게 행동하라로 생각되어서)처럼 조잘조잘 떠들지 말고 큰 화두만 던지자. 하지만 화법은 아주 새롭게. 새로운 폰을 이야기하는 데 주제와 표현이 센세이셔널해야 되지 않겠느냐며 목청이 커지고 의욕이 열정으로 넘쳐 흐르려는 순간, '이 친구, 하고 싶어 못 배겨 하고 있군'이라고 말하는 듯한 미소가 ㅈ 부사장의 얼굴에 흘렀다. 이내 "함 해봅시다."라는 소리가 맑은 종소리처럼 울려 퍼졌다. '이런 광고주가 또 있을까요!' 온몸이 짜릿해지며, 득의양양 회사로 돌아온 나는, 바로 회의를 소집하고 스토리를 구상하기 시작했다.

이쯤 되면 장르의 선택(광고를 만듦에 있어 난 이 장르의 선택을 매우 중요하게 생각한다.)이 중요한데 우리는 이미 젊은 진구들이 좋아하는 판타지애니메이션 쪽에 많은 비중을 두고 있었다. 2분짜리 애니메이션 무비였다. 설정은 한 소녀가 스마트폰 세상을 여행하는 내용이었다. 그곳은 또 다른 자연이고 문명이며 소녀의 의식세계이기도 하고 무의식세계이기도 하다. 그리고 소녀는 스마트폰을 신바드의 양탄자처럼 타고 여행하다 마침내 본인과 똑같이 생긴 또 한 명의 소녀를 만난다. 바로 새로운 나를 만나는 장면이다. 그것은 바로 나의 분신이자 새로운 스마트폰, G폰이다, 라는 시놉시스를 만들었다. 그리고 아주 러프한 드래프트만으로 광고주팀과 협의하고-이런 애니

메이션은 제작자들을 믿는 편이 훨씬 유리하다-바로 제작에 들어갔다.(사진 1)

사실 15초짜리 광고가 주를 이루는 시장에서 그것도 아무 말도 없이 음악만 흐르는 2분짜리 애니메이션을 만든다는 것은 모험 이상의 일이다. 그래도 언제 또 이런 짓을 해보겠는가. 이 애니메이션은 그해 추석 즈음에 전파를 탔는데 몇 번 나가지 않았음에도 몇몇 지인들에게 바로 전화가 걸려왔다. 짐짓 '그럴 줄 알았어' 하는 표정을 지었지만 흥분을 감추기 어려웠다.

제작자들은 이 순간이 제일 긴장되기도 하고 기다려지기도 한다. 바로 그런 반응을 꿈꾸며 그 어려운 산들을 넘어온 거니까. 집에 있는 가족들에겐 가끔 먼저 보여줄 때가 있는데, 특히 미술을 하는 딸 아이의 평가에 괜히 신경이 쓰이곤 한다. 대체로 냉소적인 반응으로 일관하던 그 아이의 입에서 긍정적인 말이라도 나오는 날이면 괜히 우쭐해지고 자신감이 생긴다. 그러다 내가 왜 이러지 싶기도 한다.

이번에는 오랜만에 그 아이의 입에서도 찬사가 나오는 걸 본 나는 금세 거만한(?) 태도로 별거 아니라는 표정을 지어 보이며 바쁘다는 애를 앉혀놓고 연신 자랑질을 해대기 시작했다. 애가 노래에 관심을 보이자, 이 노래는 스웨덴 뮤지션인 구스타프 스페츠Gustaf Spetz의 「You and me」라는 노랜데 이 노래를 만난 건 정말 행운이었고, 이 노래 정말 뜰 거 같지 않냐는 둥 묻지도 않은 얘기를 쉴 새 없이 떠들어 댔다. 그쯤 되면 식구들은 자기들끼리만 통하는 신호와 함께 자신들의 스마트폰 속으로 조용히 고개를 집어 넣는다.

사람들의 반응에 일희일비하지 말자면서도 또한 그럴 수 없음이 이 직업의 숙명이다. 개인적으로는 끝까지 확신이 안 갔지만 결국 컬러링과 러프한 라인드로잉이 혼합된 형태의 애니메이션으로 결정한 건 탁월한 선택이었다. 다만 작업 시간을 너무 짧게 주는 바람에(이건 정말 말도 안 되게 짧아서, 진짜 말을 하지 않는 편이 낫다고 생각한다) 작업자들에겐 내가 악마로 보였을 거라는 점에 깊이 반성하며 그분들께 말할 수 없는 고마움을 전한다. 그래도 이 사람들, 요즘 만나면 그런 작품 또 없냐며 나를 밀어붙인다. 이 광고는 오랜 기간 전파를 타지 못해 아쉬웠지만, 그 새로운 감성으로 많은 분들이 좋아해주셨다. 내 생각에도 세계에서 가장 독특한, 하지만 가장 아름다운 스마트폰 광고 중에 하나가 아닐까 하는 건방진 생각을 해본다.

도내체 이 아이디어를 어떻게 팔았어요?

그런데 이 광고에 대해 내가 가장 많이 받는 질문 중 하나는 도대체 이 아이디어를 어떻게 설득해서 팔았느냐이다. 아이디어를 설득하는 문제는 참 어려운 일인데, 우리 일을 하다 보면 가장 중요한 대목이기도 하다.

광고란 것이 내 돈 내고 내가 만드는 일이 아니라 광고주를 설득해야만 예산이 나오고 예산이 있어야 작업을 할 수 있다. 그래서 가끔 난 좋은 CD는 좋은 변호사라는 얘기를 하곤 한다. "어느 살인 피의자의 변호인이 됐다고 합시다. 그런데 그 사람이 정말 무죄라고 믿는다면 어떻게 해서든지 법정을 설복시켜야 하죠. 모든 판례를 동원해서

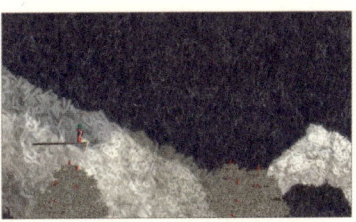
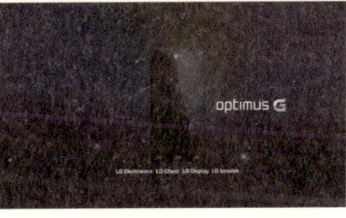

▲ 사진 1 | LG G 폰 광고
15초짜리 광고가 주를 이루는 시장에서 그것도 아무 말도 없이 음악만 흐르는 2분짜리 애니메이션을 만든다는 것은 모험 이상의 일이었다.

든, 생각지도 못한 분석과 논리로 꼼짝 못하게 만들든, 판사가 눈물을 흘릴 만큼 호소력있는 연설을 하든, 살인자로 기소했던 검사조차 당신의 얘기를 들으면 마음이 바뀌게 만드십시오. 그것이 설득의 힘이죠. 우리는 대중을 설득하기에 앞서 늘 광고주를 혹은 같이 일하는 동료들을 먼저 설득해야 합니다." 좋은 말이다. 맞는 말이기도 하고. 하지만 나 역시 늘 현실의 벽에 서면 타협하기 일쑤다.

또 한 가지 고백하자면, 나는 프레젠테이션을 잘하는 사람이 결코 아니다. 잘하기는커녕, 솔직히 프레젠테이션 때문에 회사를 나가려고 두리번두리번 했던적도 있다. 광고 회사에서 설득능력은 가장 중요한 능력 중의 하나고 그 핵심이 프레젠테이션인데, 내가 가장 싫어하는 것이 프레젠테이션이었기 때문이었다.

내가 이 이야기를 하면, 사람들은 잘 믿지 않는다. 하지만 사실이다. 나는 뒤에서 카피만 써주면 되는, 어디 나서지 않아도 된다는 점 때문에 이 일에 끌렸고, 그래서 카피라이터를 지망했다. 그런데 점점 직급이 올라갈수록, 특히 CD 보임을 앞에 두고서는 마침내 회사를 떠날 때가 되었다고 판단했다. 대중들 앞에 나가서 얘기하는 것에 알레르기 반응을 보이는 성격이니, 프레젠테이션을 밥 먹듯이 해야 하는 CD가 마음에 들리 만무했다. 마침 다른 곳에서 좋은 조건으로 같이 일해보겠냐는 제의도 왔었고(그 일은 프레젠테이션과는 관계없고 그냥 아이디어만 내면 되는 일이었다.) 나의 결심은 거의 굳어가고 있었다.

하지만 결단력을 기대하기 어려운 성격에 차일피일 미루다, 덜컥 담당 임원의 불편하기 짝이 없는 지령이 떨어졌다. 소주 회사 경쟁 프레젠테이션이었는데, 팀장을 제치고 나보고 프레젠테이션을 하라는 지시가 내려왔다. 어쩌다 등 떠밀려 호랑이 등에 올라탄 것이다. 운명의 여신은 그렇게 손을 내밀기도 한다. 만나야 할 사람은 만나는 것이고, 해야 할 일은 하게 된다. 그리고 이 일은 내 인생에 중요한 계기가 되었다. 하기 싫은 일과 할 수 없는 일이 다르다는 것도 느꼈고, 내 안에 어떤 능력이 있는지 해보지 않고서는 알 수 없다는 아주 간단한 진리도 깨달았다.

혼자서도 공개적으로도 리허설을 많이 했는데, 그럼에도 긴장이 심했다. 창피했지만 결국 프레젠테이션 당일 날엔, A4 용지에 쓴 스크립트를 읽는 방법을 선택했다. 시작하기에 앞서 양해를 구했다. 그냥 솔직한 것이 가장 좋은 방법일 것 같아 죄송하지만 종이에 써 온 스크립트를 보면서 하겠다고 말했다. 중간에 기억이 안 나 멍청하게 서 있는 것 보단 나을 것 같았다. 그렇게 첫 프레젠테이션이 끝났다.

그런데 이상한 것이 막상 시작하니까 생각했던 것처럼 떨리지가 않았다. 중간쯤 가니까 오히려 편해지는 것이 이거 별거 아닌데 생각이 들기도 했다. 끝나고 돌아오는데, ㅈ 상무가 웃으며 한마디 툭 던졌다. "이 부장 PT잘 하던데!" 결국 이 칭찬 한마디가 지금까지 CD를 하게 만들어버렸다. 나는 가끔 그런 이야기를 한다. 미칠 듯이 하고 싶은 것도 운명이지만, 죽도록 하기 싫은 것 속에도 뭔가 운명의 힘이 있다고.

지금은 단어 몇 개 띄어놓고도 주절주절 잘도 떠들어대지만, 그럼에도 프레젠테이션은 여전히 힘들고 어렵다. (나는 아직도 일을 위한 프레젠테이션 외에는 어디 나서는 것이 매우 불편하다.) 사람을 설득하는 것이 어디 쉬운 일인가. 하지만 우리의 미친 듯한 날들의 증거들을 증명하는 일은 얼마나 엄숙하며 경건한 일인가. 프레젠테이션은 우리의 모든 노력을 결산하는 의식이다. 그들을 설득해야 모든 노력이 보상을 받는 것이다. 그리고 그것이 시장에서 좋은 결과로 입증될 때, 신뢰라는 최종의 선물을 받게 된다. 마침내 클라이언트의 마음을 얻은 것이다. 그리고 이 신뢰는 향후 많은 것들을 해결해준다.

데이빗 애보트David Abbott는 서구 광고계에서 가장 존경받는 카피라이터 혹은 CD 중의 한 명이다. 얼마 전에 작고했지만(일면식도 없었는데, 그 소식에 얼마나 가슴이 아팠던지) 그이의 빛나는 광고들은 늘 경외의 대상이다. 롱long 카피의 대가, 윌리암 번벅William Bernbach의 적자嫡子 등 그에게 붙는 범상치 않은 수식만 봐도 서구 광고계에서 그의 위상을 가늠해볼 수 있다.

오래전 애보트씨가 세운 광고 회사, AMV에서는 누구나 수상하고 싶어 하는 권위 있는 상을 수상했으나, 돌연 수상을 거부한다고 밝힌 적이 있었다. 카피의 선정성으로 화제를 불러일으켰던 모 패션 브랜드 광고였는데, 아무리 센세이셔널리즘의 추구라 해도 수상까지 한다는 것은 바람직하지 않다는 것이 애보트씨의 의견이었다고 한다. 이런 깐깐한 직업 정신의 소유자였기에 애보트씨에 대한 서구 광고계의 존경이 남다르지 않았나 싶다.

그가 젊은 시절 만든 볼보 광고에는 이런 일화가 있다.(사진2) 볼보의 콘셉트인 안전성을 위해 애보트 씨가 낸 아이디어는 차를 천장에 매달고 그 밑에 애(아기였는지 꼬마 정도였는지는 알 수 없지만)가 있는 일종의 실증형 광고였다. 그만큼 용접이 튼튼하고 완성도가 높은 차임을 강렬하게 증명해보자는 얘기였다. 하지만 광고주는 그 아이디어를 처음 보고 거부했다고 한다. 너무 위험하기도 하고, 부담스럽기도 했을 것이다. 하지만 애보트 씨는 고집을 꺾지 않고 그렇다면 본인이 차 밑에 직접 눕겠다고 제안 했다. 이 카피라이터의 고집을 꺾기에는 그의 열정이 너무 뜨거웠던 것 같다. 광고는 결국 제작되었고 볼보는 이 한 편의 광고로 안전과 믿음의 대명사가 되었다. 이쯤 되면 그 이후로 광고주와 애보트 씨의 관계는 말이 필요 없는 사이가 되지 않았을까 짐작해볼 수 있다.

따져보면 좋은 광고 회사와 나쁜 광고 회사의 차이는 크지 않다. 좋은 아이디어가 세상에 빛을 볼 수 있게 만드는 회사가 결국 좋은 광고 회사인 것이다. 그래서 설득의 과정은 아이디어만큼이나 아이디어가 필요하다. 그리고 시장에서의 성공을 통해 얻은 신뢰는 의사결정 프로세스의 단순화라는 아주 파워풀한 아이템을 갖게 해준다.

결국 G 광고는 이 신뢰와 단순화가 얼마나 현명한 결과를 만들어 내느냐를 보여준 좋은 예다. 반대로 생각해보면 의사결정 프로세스의 단순화가 좋은 광고를 만드는 전제라고 해도 좋겠다. 프로세스가 복잡할수록 좋은 회사가 아니라, 간결할수록 좋은 회사이기 때문이다.

▲ 사진 2 | 데이빗 애보트David Abbott씨의 볼보Volvo광고

프로세스를 줄이면 사람도 줄고 광고도 좋아지는데, 왜 많은 기업들이 그렇게 하지 않을까 궁금할 때가 많다. 정말 시간과 사람과 공을 들여야 할 때 하지 않고, 하지 않아도 될 때 시간과 사람과 공을 들이는 것만큼 바보 같은 짓도 없다.

ㅈ 부사장은 얼마 전 갑작스런 은퇴를 했다. 깜짝 놀라 부랴부랴 찾아간 나에게 이런 저런 말을 하다, "이 CD와 인연이 벌써 10년 좀 넘었나. 정말 행복했다. 당신하고. 좋은 광고 참 많이 만들었다."하고 호방하게 웃어젖히는데, 그 사이로 내가 희미하게 뭐라 대답했던 것 같다. "제가 훨씬 더 행복했지요. 다시 이런 날이 있을까요!" 좀 더 크게 말할 걸 그랬다.

트렌드를 쫓지 마라. 트렌드가 돼라.

디지털은 모든 것을 비껴놓았다. 하지만 여전히 풀 한 포기도 오롯이 모르는 게 인간이다. 디지털 세상이 됐다고 불을 발견했을 때 했던 그런 사랑을 하지 않는 것도 아니며, 춤과 노래를 좋아하지 않는 것도 아니고 권력과 쾌락을 추구하지 않는다는 것도 아니다. 인간은 여전히 웃고, 울고, 분노하고, 연민하며, 질투하고, 싸우고, 가진 것을 잃을까 두려워하고 갖지 못해 괴로워하고 외로움에 방황하고 존재의 부조리에 여전히 불안해한다.

따라서 우리의 상상력이 뿌리를 내려야 할 곳은 여전히 인간의 깊은 욕망 속이어야 한다. 인간의 오욕칠정五慾七情은 그대로이며 단지 시대마다 다른 옷을 입고 다른 스타일로 꿈틀댈 따름이다. 오늘 본 백

화점 진열대의 모든 상품은 결국은 오늘 내 욕망의 분신들이다.

기계들이 인간을 점령할 것 같은 불길함이 지금처럼 강하지 않았지만, 기계들의 시간으로는 동틀 무렵쯤 될 것 같은 2002년도 회의실에서는 디지털카메라에 대해 격론이 벌어지고 있었다. O 카메라의 경쟁 프레젠테이션을 앞두고 디지털카메라가 필름카메라의 대체재가 될 것인가 보완재가 될 것인가에 관한 설전을 벌이고 있었던 것인데, 지금 생각해보면 참 웃기는 풍경일 수밖에 없다. 하지만 그 당시에는 모두가 열 낼 만큼 꽤 진지한 문제였다.

LP 판을 CD가 대체한 예를 들어 보이며 곧 필름카메라는 사라질 것이라는 측과, 결혼식이 있는 한 필름카메라는 존재할 것이라는 측의 주장이 팽팽히 맞섰다. 어이없지만 당시에는 보완재 측의 주장이 조금 앞서며 우리는 프레젠테이션에 임했고 결과는 운이 좋게도 우리 회사의 승리로 끝났다. 그것은 운보다는 그 당시의 상황논리가 우리 쪽 손을 들어 줄 수밖에 없었던 것 같다.

하지만 그로부터 1, 2년도 안 되어 필름카메라가 거의 자취를 감추게 된 것을 보면 얼마나 시장이 빠르게 움직였는가를 가늠해 볼 수 있다. 그만큼 광고도 빠르게 대응해야 했다. O 카메라는 비교적 디카 시장에 빠르게 진출했으나 워낙 브랜드 지표에서 S 사 등에 밀려 인식의 열세를 면치 못하고 있는 형국이었다. 결국은 기능 싸움보다는 인식의 싸움을 해야 하는 시점이 다가오고 있었다.

그런데 어떻게? 늘 이 '어떻게'가 문제다. 이런 문제로 옥신각신할 때면 하는 말이 있다. 그냥 아무 아이디어나 좋으니 아이디어를 만들어 보라고. 더 쉽게 이야기하면 '이런 TV 광고를 하는 건 어때요?' 하며 콘티를 짜보길 권한다. 말이 되든 안 되든 'Just do it'이 중요하다는 말이다. 일이 실행에 들어가기까지 너무나 많은 검증과 예측과 분석이 난무한다.

물론 당연한 과정이긴 하지만, 이건 도대체 '어떻게 하면 안 할 건지'를 위한 위원회인가 싶을 때도 있다. 늘 문제는 감독은 많은데 뛸 선수가 없다는 것이다. '어떻게 임신시킬지에 대해 토론하지 마세요. 그냥 애를 만드세요.'라고 말한 외국의 어떤 크리에이터의 심정에 깊은 공감을 표하는 바이다. 이럴 때 가장 좋은 방법은 토론에 끼지 않고 그냥 내 방식대로 해석하고 상상하고 만드는 것이다. 그리고 보여주는 것이다.

나에겐 디카든 필카든 다 같은 카메라다. 그러니 그냥 카메라 이야기를 해보자가 첫 번째 생각일 수밖에. 어느 날 술자리에서 난 이런 얘기를 떠들어댔다. 커피를 만드는 기계가 아무리 최첨단이라도 커피는 커피다. 커피가 세상에 존재하는 이유는 커피가 주는 휴식과 휴식이 필요한 사람들과의 만남에 있다. 그리고 그 시간이 개인들에게 주는 의미론적 확장이 커피를 더욱 강렬한 기호Symbol로 만들고 있다.

그렇다면 카메라의 본질은 무엇일까? 왜 사람들은 기록하고 싶어 하고 남기고 싶어 할까? 인간은 본질적으로 DNA를 운반하는 운반체로서의 숙명을 갖고 있다. 운반체로서의 개체는 DNA에게 조정 당하며 손상 없이 최대한 많은 운반체를 만들어 자기의 생존과 번식을 꾀해야 함이 진화생물학적 관점이다. (여전히 창조론자들과 접점을 못 찾고 있지만)

어쨌든 나의 술자리적 가설로는 기록은 또 하나의 번식 행위이다. 그러니까 남기고 싶어함은 생존과 번식이라는 본능에 대한 문화적 행위이며 카메라는 그 지점에서 각광을 받는 기계이기 때문에 영원할 것이라는 것이 내 생각이다. 한참을 횡설수설 떠들고 나니까 그럴 듯 했는데, 사실 그렇게 생각한 건 나뿐이었고 같이 있던 녀석들은 재 또 시작이군 하는 눈치였다. 그래도 디카는 당시 최첨단 디지털 디바이스였다. 테크놀로지의 최첨병이라는 말이고 메이커들은 너도 나도 기술 자랑에, 어떻게 하면 더 최첨단 이미지를 보여줄까 총력을 기울이는 모습이었다. 이런 판국에 우리는 완전히 다른 길을 가기로 결정을 내린 것이다.

그 길은 카메라는 카메라고, 본질은 기억의 저장고며, 인간은 추억을 먹고 산다였으니 청개구리도 이런 청개구리가 없었다. 차별화라는 말은 어떻게 보면 사실 쉬운 말이다. 트렌드의 반대쪽을 보면 된다. "요즘엔 다들 하얀색 차를 몹니다"라고 누가 말하면 까만색 차를 몰면 된다. 그런데 이게 겁난다. 사람들은 무리에 속해 있을 때 안정감을 느끼는 법이니까. 니체의 말대로 균질화는 대중사회의 선善이다. 하지만 그냥 차별화를 위한 차별화가 아니라 그것이 본질에 기반을 두고 있다면 용기를 낼 필요가 있다. 이때는 승부수가 될 수 있기 때문이다.

예나 지금이나 사랑만큼 강렬한 하지만 진부한 주제는 없다. 그래도 젊은 시절 연애담만큼 많은 시간을 할애해야 하는 과목도 없는 것 같다. 두근두근 가슴 뛰고, 쳐다보지도 못하는 지독한 열병을 앓기도 하고, 세상을 다 얻은 것 같은 환희를 맛보기도 하다 세상을 다 잃은 것 같은 절망에 눈물을 쏟기도 하고, 누가 사랑을 아름답다고 했냐며 시인이 되기도 하고 폐인이 되기도 한다. 이런 청춘들에게 디카는 그들의 일기장이다. 사진으로 쓰는 사랑의 일기장인 것이다. 그냥 그런 얘기를 하고 싶었다. 신파면 어떤가. 그래도 사랑인데. 그렇게 마이 디지털 스토리가 탄생했다.

카메라는 여전히 추억 상자고 그렇게 본다면 디카는 더욱 개인화된 비밀 상자일 따름이었다. 기술 자랑은 사라지고 그 자리에 스토리와 드라마가 들어왔다. 첫사랑의 연인으로 전지현은 더할 나위 없이 아련했으며 아틈나웠다. 뭐니뭐니해도 젊은 날의 연가에서 하이라이트는 늘 잊을 수 없는 '그녀' 아닌가.

첫 번째 스토리가 구성되고 우리는 촬영을 위해 곧바로 제주도로 날아갔다. 여름방학에 제주도를 여행하던 중 우연히 만난 어느 남녀의 이야기였다. 스토리 자체는 너무 뻔했는데(조금 닭살스럽기도 하고), 또 생각해보면 젊은날 사랑이란 것이 그렇게 유치한 것 아닌가. 그리고 누구나 한 번쯤 겪어보았음직한, 그래서 감정이입이 쉽게 되리라는 것이 우리의 계산이었다.(광고는 15초의 승부다. 늘 이것이 문제인데 그 속에서 드라마를 만들어내는 건 쉽지 않은 일이다.)

여름방학 제주도에 놀러 왔다 만난 청춘 남녀. 느낌은 오고 갔으나 이뤄질 듯 말 듯. 하지만 끝내 말은 못하고 떠나는 남자를 바라보며 그녀 역시 그냥 떠나 보내고 만다. 기약 없이. 그와 찍은 디카 속의 사진들만이 추억을 말해줄 뿐. 사랑은 가끔 그렇게 우연히 왔다, 우연히 간다.

왠지 당시 광고들에는 외국 노래가 BGM으로 깔리는 것이 보통 공식이었지만 그것도 깨고 싶었다. 그냥 우리 가요가 더 잘 어울릴 듯했다. 사랑할 땐 유행가 가사들도 다 내 얘기처럼 들리는 법 아닌가. 조금 유치하더라도 말이다. 내 말에 ㅊ 감독은 '너에게 난 나에게 넌'이라는 자탄풍(자전거 탄 풍경)의 서정적인 노래를 골라왔다. 영상에 붙여보니, 스토리와 기가 막히게 맞아 떨어져 마치 한 편의 시화를 보는 것 같았다.

그해 7월, 마이 디지털 스토리 첫 편이 나가고 당황할 정도의 큰 반향에 광고주와 우리 모두 크게 놀랐다. 나 역시 많은 광고를 만들어왔지만, 이렇게 빠른 반응은 처음이었다. 생각보다 너무 빠르고 파괴력 있는 반응에 기쁨 반, 놀라움 반이 되었다. 노래는 노래대로, 원래는 영화 '첫사랑'의 OST였는데 오히려 그 짧은 CF에 나가고 공전의 히트를 기록하게 되었으니 어안이 벙벙할 따름이었다. (그 당시, 노래방만가면 우리 팀의 마지막 노래는 누구랄 것도 없이 '너에게 난 나에게 넌'을 불렀다.)

자고 일어나니 유명해진 것처럼, 자고 일어나니 갑자기 모든 것이 바뀐 느낌이었다. 한 달 후 조사에서도 거의 모든 브랜드 지표에서 O

▲ 사진 3 | 마이 디지털 스토리 겨울 편

카메라가 수위로 올라섰으며, 두 달째에는 회사 창립 이래 최대의 판매고를 올렸다. 그야말로 대박이 터진 셈이었다. 제주도에서의 여름 사랑을 시작으로 '마이 디지털 스토리'의 사랑 연작은 겨울, 봄, 가을까지 호주로 뉴질랜드로 파리로 이어지며 연신 빅히트를 쳤다. 그렇게 대한민국에 디카 열풍이 불기 시작했다.(사진4)

촬영을 하다 보면 늘 그렇지만 별 일이 많이 발생한다. 겨울 편 뉴질랜드 촬영은 악천후 속에 눈 덮인 산을 오르다 실제로 아찔한 상황을 맞기도 했는데, 정상에 올랐을 땐 폭설로 촬영이 거의 불가능한 상태였다. 전지현 씨가 집 앞 우체통에서 디카를 꺼내는 장면은 사실 집이 아니라 그곳 화장실인데, 기상 탓에 부랴부랴 우체통만 그 앞에 세워놓고 겨우 촬영을 마치고 내려온 기억도 있다. 그래도 편집하고 나니까 꽤 그럴 듯해 보였다.(사진3)

▲ 사진 4 | 마이 디지털 스토리 여름, 겨울, 봄, 가을 편

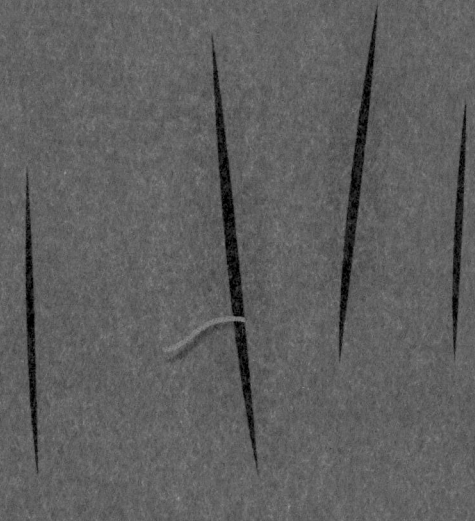

5장. 자잘하게 봐야 보이는 것들

가끔 장점이 하나도 없어 보이는 제품을 광고해야 할 때가 있다.
회의실에선 좌절과 냉소가 오고 가곤 한다.
그럴 때일수록 크로키보다는 세밀화가 필요하다.

5장.
자잘하게
봐야
보이는
것들

크로키보다는 세밀화

나는 의자를 좋아한다. 가방을 좋아하고 펜을 좋아하고 노트북을 타이핑할 때 손끝에 전해지는 감촉을 좋아하고 새 차 냄새를 좋아한다. 잠을 푹 자고 일어난 날 샤워 후에 갈아입는 속옷의 느낌을 좋아하고 춥지도 덥지도 않은 5월의 밤 산책을 좋아한다. 선선하게 부는 바람이 살살 머리칼을 만져주는 걸 좋아하고 구름 보기를 좋아한다. 우디 앨런의 영화를 좋아하고 골목길을 좋아하고 골목길이라는 노래도 좋아한다. 초콜릿을 좋아하고 청녹으로 진해지기 전의 연두빛 가로수 잎들을 좋아하고 노랗게 물든 은행나무를 좋아하고 출근하자마자 마시는 첫 커피를 좋아한다.

나는 우두커니 앉아 창밖 보기를 좋아한다. 바지와 신발이 잘 매치되었을 때의 기분을 좋아하고 조금 긴 플레어스커트를 나풀나풀대며 걷는 여자의 모습을 좋아한다. 책장이 넘어갈 때의 소리를 좋아하고, 아주 가끔이지만 전혀 와본 적 없는 지방도로를 드라이브할 때의 낯선 기분을 좋아하고 씁쓸하면서도 달콤한, 차가우면서도 뜨거운 아포가토를 좋아한다. 해가 저무는 붉은 하늘을 좋아하며, 그 위를 가로질러가는 한 무리의 새떼들도 좋아한다. 아주 사소하고 말도 안 되는 얘기만 주고받는데도 계속 웃음이 터지는 자리를 좋아하고 멍청하게 앉아 야구보기를 좋아한다. 글 가지고 놀기를 좋아하며 아무 생각 없이 썼는데 생각이 돼서 생각 있는 사람처럼 사람들이 생각할 때 이상하게 생각하면서도 좋아한다.

불교를 믿지 않지만 불교를 좋아하고 천주교를 믿지 않지만 성당 보기를 좋아하고 모자 쓰기를 싫어하지만 모자가 잘 어울리는 사람을 좋아한다. 명절날이나 보게 되는 텅 빈 서울 시내를 눈 오는 날 개처럼 좋아하고, 아내와 영화 보고 와인 마시기를 좋아한다. 8시간 정도 잠자기를 좋아하고 사람들의 얼굴에서 특정 동물을 찾아내는 일을 좋아하며 말을 적게 하는 데도 할 말을 다하는 사람을 좋아한다. 가끔 어떤 말의 어원을 알게 됐을 때의 유식해진 기분을 좋아하고, 목소리가 좋으면서 인토네이션이, 가령 신성원 아나운서 같은 톤을 좋아한다. 자작나무보다는 자작나무라는 단어 자체를 좋아하며 그런 의미에서 은사시나무도 좋아한다...

계속 쓰다 보니까 이걸로 책 몇 권도 낼 수 있을 것 같은 기분이 든다. 어느 날 갑자기 '난 도대체 아무것도 좋아하는 게 없는 것 같아'

하고 우울이 밀려들면서 두서없이 마구 적기 시작했는데 적다 보니 좋아하는 게 너무 많아져버렸다. 이런 짓을 자주 하다 보면 기분도 좋아질 것 같다. 가끔 장점이 하나도 없어 보이는 제품을 광고해야 할 때가 있다. 그리고 회의실에선 좌절과 냉소가 오고 가곤 한다. 그럴 때일수록 크로키보다는 세밀화가 필요하다. 누구나 크로키 같은 말만 하기 때문이다. 그리고 세밀화로 그리다 보면 별게 다 보이기 시작한다. 그동안 보지 못했던, 바야흐로 컨셉트의 탄생이다.

차車를 대하는 우리의 태도

'남자도 수다쟁이가 된다. 어떤 차에 관해서는'. 예전에 자동차 광고를 할 때 썼던 카피인데 광고화되진 않았다. 자동차 얘기만 나오면 그것도 자기가 좋아하는 자동차가 나오면 눈이 반짝반짝해지며 자신의 박학함을 과시하고 싶어지는 것이 보통 남자들의 습성이다.

태고적부터 사냥터로 나가야 하는 그들의 원초적 본능을 따지고 들어가다 보면 뭔가 그럴듯한 이유를 찾을 수도 있을 것 같다. 어릴 때부터-우리 아들놈도 그랬지만-미니카를 산더미처럼 사대는 것을 보면 자동차에는 확실히 뭔가 특별한(사내들의 영혼을 붙잡는) 것이 있다.

오래전 얘기지만 일본의 젊은 남자들이 가장 갖고 싶은 세 가지가 멋진 집, 멋진 차, 그리고 예쁜 아내라는 얘기를 듣고 어느 누가 그렇지 않겠느냐고 반문한 적이 있었는데, 어쩐 일인지 비교적 난 차에는 둔감한 편이다. 아니 어떤 기계든 기계들 앞에 서면 괜히 주눅 드는 느낌마저 든다. 그래도 이상한 건 기계로서의 차는 어렵지만, 드라이빙은 무척 좋아한다는 것이다. 운전이 나에겐 수고나 노동이 아니라 오락 같고, 운전석에 앉아 있으면 마음이 편안해지기까지 한다.

군대 이후에 내가 가져본 첫 차는 프라이드였다. 그것도 아내가 시집올 때 가져온 차였는데, 집에 모셔 놓았다가 첫 애가 생기는 바람에 부랴부랴 면허를 땄다. (사실 삼수 끝에 겨우 통과했는데, 그때는 오토매틱이 아니라 스틱이라 꽤나 애를 먹었다.) 오랫동안 보냈던 초보 운전 시절을 생각하면 늘 땀이 비질비질 흐른다. 나도 고생을 했지만 차도 쓸데없이 욕을 봤던 것 같다. 차도 주인을 잘 만나야 한다. 그래서 국가는 좋은 주인들을 양성할 의무가 있다고 거듭 생각했다.

내 기억에 가장 환상적인 차는 두 번째 차 엘란트라였다. 프라이드를 몰던 내가 가장 부러웠던 장면은 한 손으로, 그것도 손바닥으로 가볍게 핸들을 돌리는 모습이었는데, 오~ 그 카리스마란! 파워핸들은 나에게 꿈의 기능이었다. 프라이드는 많은 것을 육체의 힘으로 움직여야 했다. 핸들도 차창도 모두 파워 핸드(?)에 의존했다. 엘란트라를 뽑자마자 운전석에 앉아 핸들을 돌렸을 때의 그 경이로운 느낌은, 뭐랄까 외제 아이스크림을 처음 먹고 솟구치던 그런 감정이랄까. 그 부드러운 핸들링에, 그제서야 오너 드라이버가 된 기분이었다.

디자인은 어떤가. 이게 한국 차 맞나 싶을 정도였으니 지금 우리의 미적 수준이란 것이 얼마나 과도하게 높아졌는지 금석지감이다. 그 이후로는 약간의 감정적 동요는 있었지만 엘란트라 때의 흥분은 다시 찾아오지 않았다.

6000년 가량 육상 운송을 책임진 말을 대체하기 전까지, 자동차는 불필요한 물건 취급을 받기도 했다. (니콜라우스 오토가 1866년 최초로 만든 엔진은 힘이 약하고 무겁고 높이는 2.1m에 달하여 말보다 호감 가는 물건이 아니었다_제레드 다이아몬드 '총,균,쇠' 中) 그렇지만 이제 차 대신 말을 타고 다니는 사람을 보기란 아주 희귀한 일이다.

자동차를 말 키우듯이 수집하는 사람들까지 거론하진 않더라도, 차는 어느 정도 수컷들의 과시용 전리품이기도 하다. 그 허영과 과시로서의 상징은 특히 우리나라에서 절정을 이루는 듯하다. 성공의 상징, 부의 상징, 나와 그들을 구분하는 기호로서의 의미가 광고 전반을 누비고 있으니 말이다. 차는 나를 말해준다고 표현하는 것이 대중에게 가장 잘 어필할 수 있다는 얘기다. 물론 우리 사회가 가난의 그늘에서 벗어나면서 이제 그 농도는 점점 약해지고 차에 대한 관점도 많이 다양해지고 있는 것은 반가운 변화이지만 말이다. 그런 의미에서 자동차 광고도 이제는 매우 다양한 관점으로 진화하고 있다.

자동차는 반성합니다

자동차 광고를 한다는 것은 일반적으로 광고 하는 사람들에게는 로망 중 하나다. 일단 제품이 주는 흥미도 흥미고, 광고 만드는 과정도 흥미진진하기 때문이다. 한편으로는 그만큼 어렵기도 하다. 웰콤(나는 2005년도에 웰콤이라는 광고 회사로 옮겼다.) 시절에는 자동차 광고를 많이 했는데, 그 중 대표적인 것이 S 사의 차였다. 웰콤의 ㅂ 사장은 기본적으로 자동차를 정말 좋아했다. 포니 시절부터 만들었으니, 우리나라 자동차 광고의 산 역사나 다름 없는 분이었다. 그는 늘 새로운 광고를 원했고 따라서 리뷰를 통과하기란 하늘의 별 따기라 많은 스탭들이 좌절하기 일쑤였다.

연식이란 말이 있듯이 자동차의 신제품은 일 년 단위로 나온다. 하지만 말이 신제품이지 살짝 모양만 바꾸는 일도 허다하다. 그해의 SM7은 프리미어라는 이름을 달고 나왔는데, 한마디로 크게 이야기할 것이 없었다. 회의실에선 이런 저런 이야기가 오고 가나, 무소득에 한마디로 공회전이다. 이럴 때는 제작팀과 기획팀이 서로 투덜대기 시작한다. 특히 제작 쪽에선 뾰쪽한 콘셉트를 가져오질 못하는 기획팀에 비아냥을 날리기도 하고, 기획팀은 기획팀대로 제품만 나무란다. 하지만 어쩌랴. 요리 뜯어 보고, 조리 뜯어 보면서 이런 저런 가설을 세워보는 수밖에.

그때, 담배를 피우고 들어오던 기획팀의 ㅂ 국장이 내비게이션으로 뭔가 해보자는 얘기를 했다. 사실 내비게이션은 이번 차의 신기능이긴 했으나 그걸 신차의 콘셉트로 결정하기엔 크게 마음이 동하지 않았다. 막힌 길도 체크해서 빨리빨리 갈 수 있게 해주는 최첨단 내비게이션이라지만 그래도 내비게이션은 내비게이션이다. 옥신각신하다 회의는 회의적으로 끝나버리고 말았다.

다음 날, ㅂ 국장은-ㅂ 국장은 법대 출신이라 집요한 구석이 있었다-밤을 샜는지 부스스한 모습으로 나타나더니 의자를 바짝 끌어당기며 내 옆으로 다가왔다. "부사장님 이거 어때요. 타임 크리에이터.", "타임 크리에이터가 뭐야?", "타임 크리에이터요! 시간을 만들어준다는 거지요. 최첨단 내비게이션이니까 빨리빨리 목적지에 갈 수 있게 해주고, 그러니까 인간들에겐 시간을 벌어주는 거지요. 시간은 누구에게나 공평하지만 어떻게 쓰느냐에 따라 모자란 사람도 있고 남는 사람도 있잖아요. 그러니까 시간은 주어진 게 아니라 창조하는 거다. 뭐 이런 이야기쯤으로 보시면…"

맞는 말 같기도 하고 틀린 말 같기도 한데, 중요한 건 좀 어렵지 않을까하는 생각이 들었다. 장점은 한 번도 이런 관점으로 차를 이야기 해보지 않았다는 것이었다. '새롭지만 익숙한'이 좋은 건데, '새롭지만 낯선' 쪽이었다. 하지만 ㅂ 국장의 이글이글거리는 눈을 보자, 거절했다가는 밤길 걷기가 무섭겠다는 생각이 들었다.

다음 날, 담배를 씹듯이 피워대던 ㅂ 사장 역시 내키지 않는 표정을 지어 보였다. 한참을 고심하다 새로운 발견이라는 점에 점수를 줬고 다시 용기를 냈다. 우리는 공감 있는 이야기가 중요하다는 생각으로 의견을 좁혔다. 그리고 오랜만에 아예 긴 카피 광고를 첫 번째 광고로 만들어보기로 했다.

당신에게 1분은 얼마나 큰 시간입니까?
경기가 끝나는 축구 선수에게 1분은 얼마나 큰 시간일까요.
사랑하는 전화를 기다리는 연인들에게 1분은 또한 얼마나 큰 시간일까요.
몇 십 년 만에 상봉을 하러 가는 이산가족들에게
조난자를 구하러 가는 119대원들에게, 수술실의 의사에게,
첫 아이의 울음 소리를 기다리는 아빠에게,

1분, 1분은 얼마나 큰 시간일까요
그 분들에게, 1분은 찰나의 시간이 아니라 온 우주입니다.

자동차는 반성합니다.
사람들의 시간을 가볍게 생각한 적은 없는지
우주와도 같은 그 시간을 빼앗은 적은 없는지
그리고 마침내, 자동차가 삶을 위해 존재한다는 말은
시간을 위해 존재한다는 말과 같음을 깨닫습니다.

SM7은 생각합니다.
가장 진보된 자동차 기술이란 도로 위의 시간을 줄여드리는 것이라고,
그래서 더 많은 시간을 가치 있는 곳에 쓸 수 있도록
만들어 주는 기술이라고…

시간을 만들어 주는 차-SM7

이렇게 시작한 캠페인은 그 이후,

'아이의 첫 공연, 누구보다 먼저 가서 축하해주고 싶은 아빠에게 1분은 얼마나 큰 시간일까요?'

그리고

'클라이언트와의 약속 시간 10분전, 도로 위에 갇혀 있는 당신에게 1분은 얼마나 큰 시간일까요?'

등의 광고로 이어졌다.(사진1)

이 광고들은 굉장히 소소한, 마치 흙 속에 묻혀 그냥 지나쳐버리기

당신에게 1분은 얼마나 큰 시간입니까?

경기가 끝나가는 축구 선수에게 1분은 얼마나 큰 시간일까요
사랑하는 이의 전화를 기다리는 연인들에게 1분은 또한 얼마나 큰 시간일까요
몇 십 년 만에 상봉을 하려고 하는 이산가족들에게,
소년자를 구하려는 119대원들에게, 수술실의 의사에게,
첫 아이의 울음소리를 기다리는 아빠에게.
1분, 1분은 얼마나 큰 시간일까요
그 분들에게, 1분은 찰나의 시간이 아니라 온 우주입니다

자동차는 반성합니다
사람들의 시간을 기쁘게 생각한 적은 없는지
우주와도 같은 그 시간을 빼앗은 적은 없는지
그리고 마침내, 자동차가 삶을 위해 존재한다는 말은
시간을 위해 존재한다는 말과 같음을 깨닫습니다

SM7은 생각합니다
가장 진보된 자동차 기술이란 도로 위의 시간을 줄여드리는 것이라고,
그래서 더 많은 시간을 가치 있는 곳에 쓸 수 있도록
만들어주는 기술이라고…

시간을 만들어 주는 車 - SM7

TIME CREATOR
SM7

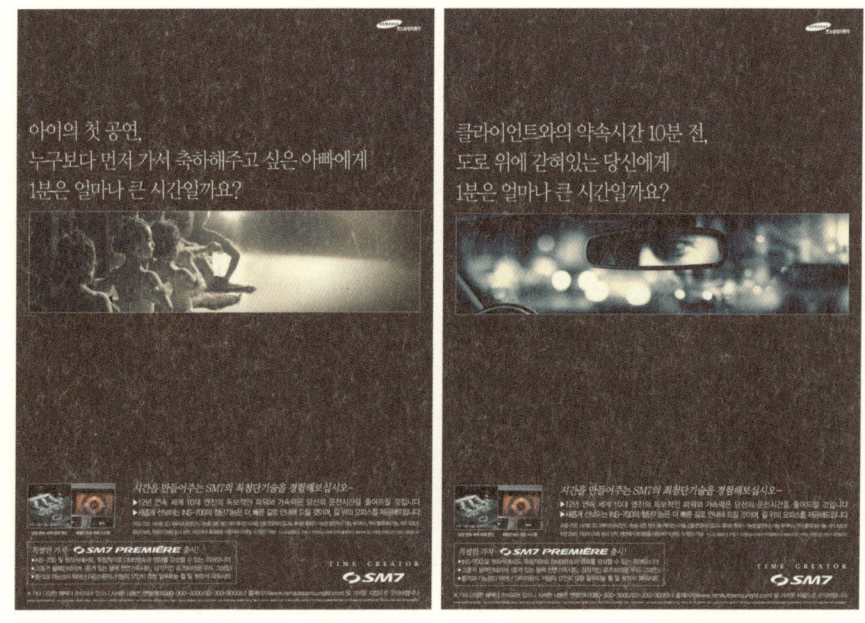

▲ 사진 1 | SM7 광고

쉬운 것들을 애지중지 다룬 ㅂ 국장의 노고가 있었기에 빛을 보게 된 광고다. 비주얼의 기교는 단순화했고, 오히려 숨길 때까지 숨겨 공감의 폭을 넓혔던, 차 광고로는 흔치 않은 시도였다. 나로서도 글을 쓰며 1분, 1분의 소중함을 새삼 깨닫기도 했다. 그해 이 광고는 큰 상도 많이 받았는데, 이 광고를 생각할 때마다 ㅂ 국장의 그 까무잡잡한 얼굴이 떠오르곤 한다. 다만 이 콘셉트가 정말 적절한 건지는 여전히 갸우뚱해지는 묘한 광고이기도 하다.

6장. 세상에 태어나 처음 본 것처럼

나는 가끔 생각의 조각들이 나뒹구는 그곳으로 가서
어디 써먹을 데도 없는 생각들과 놀다오는 일을 즐긴다.
일을 위해서도 삶을 위해서도.

6장.
세상에 태어나 처음 본 것처럼

데드라인을 정하세요.

"엄마가 좋아 아빠가 좋아?" 이 질문을 들으면 아이들은 '나 참 언제까지 이 질문을 들어야 하는 거야'라는 표정을 지을 것 같다는 생각을 하곤 하는데, 나에겐 아이디어에 관한 질문이 그렇다.

도대체 아이디어를 어디서 그렇게 구하세요? 처음에 이 질문을 받고, '그러게요… 정말 모를 일이네요.'라고 반문한 적이 있는데, 정말 모르기 때문에 모른다고 했다. 그리고 나서 둘러보니 세상에 아이디어 내는 것을 돕겠다는 책이 무척 많다는 것을 알고 신기했다. 감기약이 그렇게 많은 것처럼 말이다. 그만큼 답이 없다는 얘기다. 이들은 공통점도 있다. 감기가 나을 때 되면 낫는 것처럼 아이디어도 나올 때 되면 나온다. 그래서 나에겐 데드라인이 중요하다. 적어도 나의 경우엔 늘 막판에 몰려야 나오니까 말이다.

죽음에 대한 공포가 두뇌를 움직인다고나 할까. 그래서 아이디어 회의를 할 때엔 꼭 회의 날짜와 시간을 정하라는 것이 나의 충고다. 정말 데드라고 생각되면 당신의 두뇌가 가만 내버려두지 않을 것이기 때문이다. 조금 약한 말로 하면 절박함이 당신을 도울 것이다. 실제로 몰입에 관한 이론을 보면 그 생각에 미쳐버린 두뇌가 해답을 주지 않으면 이 사람 죽을지도 모르겠다는 생각을 한다는 것이다. 그게 어느 날 유레카로 등장하는 것이리라. 아르키메데스를 발가벗기고 목욕탕을 뛰쳐나오게 했다는 그 유레카 말이다. 그렇게 되려면 머릿속에 그 생각밖에 없어야 하지 않을까.

'내 인생에서 음악이 아닌 일들은 그리 대수롭지 않았다. 그저 커피 한잔 마시듯이 지나가는 일이었다.' 이런 근사한 말을 한 사람은 위대한 피아니스트 미켈란젤리이다. 미켈란젤리는 연주 중에 기침 소리만 나도 그냥 연주를 그만두었다고 한다. 한마디로 카리스마 대마왕이었는데, 일반 사람들에겐 왕재수(?)였을 지도 모르겠다. 어쨌든 머릿속에 두세 가지 생각이 있는 사람과 한 가지 생각밖에 없는 사람과의 싸움은 그 결과가 뻔하다. 하물며 그 사람이 천재라면 싸우기도 싫을 것이다.

그런데도 우리는 하고 싶은 거, 먹고 싶은 것을 머릿속에 가득 넣어두고 아이디어가 안 나온다고 고민한다. 만일 그러면서도 기막힌 아이디어를 툭툭 내는 사람이 있다면 두 손 두 발 다 들 수밖에 없을 것이다. 나라면 부러움의 고통에 나의 두 눈을 찌르고 싶을 것 같다. 그런 의미에서 몰입은 아주 중요한 단어다. 몰입은 결국 새로운 문을 만나게 해주며 그 문을 만났을 때의 기쁨은 내가 살아 있는 의미가 되기도 한다. 뭔가에 몰입하고 있는 사람의 얼굴을 보라. 마치 사랑에 빠진 사람의 얼굴처럼 다른 공기를 전해준다.

세상에 태어나 처음 본 것처럼

지금은 회사 이름이 바뀌었지만, 2001년도에는 이름이 LG 전선이었다. 카피라이터로 지내다 처음 CD가 되고 맡게 된 광고주 중의 하나였다. 초보 CD가 대형 광고주를 담당하기란 그때나 지금이나 어려운 일이었다. 보통 빛이 안 나는 광고주나 재미없는 일들이 몫으로 떨어지기 십상이다.

LG 전선은 말 그대로 전선을 만드는 회사다. 중요한 제품이지만, 음료나 화장품처럼 광고가 중요한 제품은 아니다. 대중이 일상적으로 사고 쓰고 하는 제품이 아니라는 말이다. 이런 제품을 B to B(Business to Business) 제품이라고 하는데, 사실 광고하는 사람이 보면 어렵기도 하고 재미없기도 한 분야다.

하지만 신장개업한 CD가 찬밥 더운밥 가리겠는가. 게다가 뭐가 됐든 무조건 지상 최고의 광고를 만들고 싶은 열망으로 가득 차 있을 때가 그때다. 그야말로 순수의 시대다. 하지만 열정보다 중요한 건 늘 그렇듯 좋은 클라이언트를 만나는 일. 그리고 그건 다분히 운이다. 그런 점에서 난 운이 참 좋은 사람이다. 늘 인정한다.

LG 전선 ㅈ 부장은 옛날 대학시절 언론 연구원 같은 데서 본 부스스한 복학생 선배의 모습을 하고 있었다. 광고 만드는 일을 참 좋아했던 기억이 있는데, 카피라이터를 꿈꾸기도 했다고 했다. 어쨌든 우리는 죽이 잘 맞았고, 성정도 비슷했다. 광고에 힘을 쏟는 회사가 아니라는 점은 오히려 우리를 자유롭게 했다. 나는 나대로 ㅈ 부장은 ㅈ 부장대로 회사의 무관심과 불간섭이 가장 큰 힘이었다. 경쟁이 치열한 업종도 아니어서 그야말로 우리끼리 좋으면 좋은 광고였다. 덤으로 상도 받으면 금상첨화였다. 그래도 매년 계속해서 새롭고 색다른 광고를 만들기란 쉬운 일이 아니었다.

머릿속이 전선줄로 가득 차 있던 어느 날, 회사 워크숍으로 충청도 어느 시골길을 걷고 있었다. 가을빛이 충만한 하늘을 올려다본 건 하늘보다는 어디론가 무심히 달려가는 전선줄들을 보기 위함이었다. 보통 사람들에겐 아무 의미 없는 전선줄도 어떤 사람에게는 특별한 사물이 될 수 있다. 바보처럼 전선줄에 몰입하던 나 같은 사람에겐 말이다.

늘 그렇지만 무언가 애지중지 몰입해서 보면—마치 세상에 태어나서 처음 보는 것처럼— 안 보이던 것들이 보인다. 불규칙하게 펼쳐져 있는 아무것도 아닌 직선들이 어느새 말을 걸기 시작했다. 잠자리 한 마리가 전선 사이를 지나가고 있는데, 어라, 가로 세로 뻗어 있는 전선이 잠자리의 모양과 비슷한 것이 마치 커다란 잠자리 같았다. 이리저리 고개가 아플 정도로 전선줄만 보다 보니 모든 전선줄이 다 그렇게 이야기가 있는 것 같아 보였다.

어디 그 뿐인가. 가만히 보니 전선줄은 하늘에만 있는 것이 아니었다. 땅에도 있고 물에도 있었다. 땅에는 땅그림자로, 물에는 물그림자로⋯ 이럴 땐 가슴이 콩콩 뛰며 아이처럼 기분이 좋아진다. 꼭꼭 기억의 서랍 속에 챙겨놓고 서울로 돌아왔다. 언젠가는 전선줄 이야기로 좋은 시리즈를 만들겠다는 생각을 품고서.

다음 해 광고캠페인을 준비하면서 여지없이 그 시리즈를 들고갔다. 제목은 '전선이 있는 풍경'이었다. ㅈ 부장의 흐뭇한 미소는 예상했던 것이었지만, "카피가 너무 큰 것 아니에요. 좀 촌스럽잖아요."라는 말은 보통 광고주한테 들을 얘기는 아니었다. 제품과 카피는 크면 클수록 좋은 게 광고주의 마음이니까. ㅈ 부장도 욕심이 났던 것이다. 지금도 늘 생각하지만 참 만나기 쉽지 않은 광고주였던 것 같다.

〈전선이 있는 풍경〉
봄 편: 산에서 저문 꽃이 선 위에 다시 피어 납니다.
여름 편: 여름 한낮, 선線이 선善이 됩니다.
가을 편 : 선을 닮은 고추잠자리 선과 함께 노닙니다.
겨울 편: 얼음 위에선 아이들이 즐겁고,
　　　　선 위에선 응원전이 즐겁습니다.

몇 번의 수정을 거쳐 우리는 봄 편부터 준비했고 계절마다 한 편씩을 만들었다(사진1) 봄, 여름, 가을 편을 집행한 후 그해 예상대로 대한민국 광고대상 금상을 수상했고, 이듬해 겨울 편까지 집행하면서는 소비자가 뽑은 광고상 대상을 수상했다. 상은 작든 크든 기분 좋은 일이지만 LG 전선의 수상은 좀 특별했다는 생각이 든다. 아무도 알아주지 않는, 광고업계에서도 변방의 광고주였음에도 파란을 일으켰기 때문이다.

예를 들면 자메이카에서 스케이트 금메달을 딴 것과 같은 일이었다. 그리고 상업적이란 말과 미적이라는 말이 동일 선상에서 존재 할 수 있다는 것이 얼마나 행복한 일인지도 보여주었다.

『장미의 이름』으로 유명한 움베르토 에코는 외국 호텔에 투숙할 때마다 제일 먼저 하는 일이 TV를 켜고 광고를 보는 일이라고 한다. 기호학자답게 광고에서 발견하는 기호들을 통해 그 나라를 판단해볼 수 있기 때문이다. 매우 영리한 방법이다. 광고처럼 적나라하게 그 나라를 보여주는 것도 드물기 때문이다. 거짓이 없다. 광고의 설득구조가 천박하면 대체로 대중의 수준이 천박하기 때문이고 실용적이면 또한 실용적인 사람들이 많기 때문인 것이다. 유머를 좋아하면 유머를 많이 선택할 것이고, 허영심이 중요한 가치면 허영심을 많이 자극할 것이다. 광고는 그래야 하기 때문에 그런 것이다. 비정하지만 그것이 광고의 생리다.

하지만 이게 끝이라면 너무 허무하지 않은가. 효과 외에 고려해야 할 것은 아무것도 없단 말인가. 언론만큼이나 광고의 영향력도 크고 무섭다. 사명감이라는 무게에 시달릴 필요는 없지만, 내가 만든 광고가 사회에 어떤 영향을 미칠까를 생각해야 할 필요는 있다. 우리가 어떤 아이디어를 선택하느냐에 따라 우리 사회의 커뮤니케이션의 질은 달라진다. 광고하는 사람들은 마켓디자이너이기도 하지만 사회연출

◀▲ 사진 1 | LG 전선 광고
불규칙하게 펼쳐져 있는
아무것도 아닌 직선들이
어느새 말을 걸기 시작했다.

가이기도 한 것이다.

'전선이 있는 풍경' 시리즈는 대학생들을 타깃으로 한 시리즈도 만들었는데(사진2), 일러스트와 내용이 재미있어서 많은 호응을 받았던 기억이 있다. 개인적으로도 참 좋아하는 광고들이다. 지금 봐도 복고풍의 일러스트와 위트 있는 카피는 보는 이들로 하여금 빙그레 웃음이 돌게 한다. 한번은 ㅈ 부장이 광고 덕분에 윗분들로부터 칭찬을 들었다며 넌지시 운을 떼었다. 신입사원 면접을 보는데 몇몇 친구들의 입에서 광고 때문에 회사에 관심과 호의를 가졌다는 말을 했다는 것이다. 나도 괜히 기분이 좋아지며 뿌듯했던 기억이 있다. 좋은 광고는 이렇게 한 기업의 인재 채용에도 상당한 영향을 미친다.

이후에 진행했던 광케이블 시리즈(사진3)도 재미있는 기억이 있다. 광케이블은 초고속 세상을 약속하는 제품이라 그때만 해도 대단한 자랑거리였다. 하지만 나와 ㅈ 부장은 다르게 말하고 싶었다. 그리고 그 중심엔 사람다운 이야기를 하고 싶은 마음이 자리하고 있었다.
 기술이 좋아서 만드는 것이 아니라 왜 그런 걸 만들어야 할까를 고민하는 것이 중요하다는 생각이었다. 빨리빨리가 중요해서 만드는 것이 아니라 느리게 느리게가 중요해서 만드는 것이라고 이야기하고 싶었다. 그리고 더 많은 일을 할 수 있게 해주는 기술보다는 더 많은 여가를 주는 기술이 되었으면 하는 바람을 담았다. 그래서 오히려 동양화를 선택했는데, 역시나 그 어려운 결정을 ㅈ 부장은 가볍게 받아주

▲ 사진 2 | '전선이 있는 풍경' 대학생 용 캠페인

었다. 나로선 고마울 따름이었다. LG 전선은 그렇게 수년 동안 좋은 신문 캠페인을 이어갔고 수많은 상을 가져다주었다.

작년에 난 광고생활자이현종전廣告生活者李賢鍾展이라는 허무맹랑한 개인전을 열어 ㅈ 부장을 초대한 적이 있다. 한창 광고 하던 때 만나고 이렇게 다시 만났으니 10년 이상의 세월이 흘렀다. 마치 옛 연인을 만난 듯이 반가웠고 우리는 그날 저녁 술자리도 함께했다. 그렇게 광고하느라 많이 만났으면서도 개인적인 술자리를 가진 것이 처음이라니, 우리 둘 다 신기하기도 하고 멋쩍기도 했다. 취기가 돌기 시작하자 이런저런 얘기가 오고 갔다.

LG전선

◀ 사진 3 | LG전선 광케이블 시리즈

"이 CD님 있잖아요, 저는 전선이 있는 풍경 그 시리즈도 좋아하지만 사실 제일 좋아하는 광고는 빛이 흐르는 길 시리즈예요.(사진4) 저는 그 사진들이 참 좋더라구요. 생각나시죠?" 그러고 보니까 왠지 '빛이 흐르는 길' 시리즈가 ㅈ 부장의 성정과 더 잘 맞아떨어지는 것 같았다. 좁디좁은 봉천동 골목길. 새벽일을 나가는 노동자의 머리 위로 노란 가로등이 희망처럼 떠 있다. 그 사진이 어찌 생각나지 않겠는가. 집으로 돌아오는데 ㅈ 부장의 얼굴이 가로등 위로 오버랩됐다. 그리고 어디선가 그의 노랫 소리가 계속 들려오는 것 같았다.

세상에 태어나 처음 본 것처럼 보라. 어느 순간 당신에게만 들킨 이야기가 스멀스멀 기어 나오기 시작한다. 신기하게도.

▲ 사진 4 | LG전선 '빛이 흐르는 길' 시리즈 중에서

보던 대로만 보면 보던 것만 본다

ㄷ 선배는 장난기가 많았다. 누가 보면 하얀 얼굴에 수줍은 미소만 흘리고 있어 점잖은 줄 오해하기 십상이었지만, 살금살금, 짓궂은 짓은 도맡아 했다. 당시 비좁은 고등학교 방송반 스튜디오는 까까머리 머스마들의 아지트였는데, 그곳에서 ㄷ 선배는 엔지니어였고 난 아나운서였다. 아나운서라고 해봤자 뭐 대단한 방송을 한 것은 아니고, 고작 점심시간에 음반을 틀어주며 디제이를 보는 게 전부였다. 고등학교 등교 첫날, 운동장 조회에 빠져도 된다는 이야기에 혹해 방송반에 지원하게 됐고, 그것이 계기가 되어 신문방송학과에 진학해 지금의 이 직업까지 이어지게 됐으니, 사람 일이란 참 모를 일이다. 3년을 방송실에서 보내면서 못된 짓도 많이 했는데, 방송반 지도 선생님인 ㅈ 선생님은 그런 우리를 늘 못마땅하게 여겼다.

하루는 ㄷ 선배가 장난 삼아 방송실 스튜디오 벽 한쪽에 '해' 자를, 반대편 쪽에 '골' 자를 낙서해놓았다. 우리는 ㅈ 선생님만 방송실에 뜨면 전전긍긍하면서도 웃음을 참느라 무진 애를 써야 했다. 왜냐하면 당시 ㅈ 선생님의 별명이 해골이었기 때문이었다. 일각에선 화학 선생님이었던 ㅈ 선생님을 아보가드로라고 불렀는데 아무래도 우리에게 이건 별명으로서 너무 고상했다.

다행히도 선생님은 양쪽 면을 다 보는 일이 없었다. 물론 본인의 별명을 알고 있었으니, 들키면 혼찌검이 날 일이었다. 가끔 이 일을 회상하면 빙그레 웃음이 돌기도 하고, 사람들의 머리 구조가 참 재미있다는 생각이 든다. 어떻게 그걸 못 발견하지? 신기힐 따름이다. 이런 걸 보면 알고 있는 사람 입장에선 당연히 답이 보이지만, 모르는 사람 입장에선 영원히 모르고 지나갈 수도 있는 게 인생이란 생각도 든다.

그러다가 이 해골 사건을 두고 이런 말도 안 되는 상상을 해보았다. 어떤 사람은 '해' 자만 발견하고 도대체 무엇일까 평생을 고민하기도 할 것이다. 그러다 언젠가는 저 '해'는 태양을 가리키는 것이라고 외쳐대며, 대단한 발견인 양 기자회견을 자청할 수도 있을 것이고, 어떤 이는 저 '해' 자의 필적을 파고들다 마침내 '해' 자는 매직으로 쓰였다는 것을 알아냈다며, 노벨상을 기대하기도 할 것이다. 또 어떤 이는 그것은 원래부터 있던 것인데 뭐 그리들 난리인지 모르겠다며 요란 떠는 사람들을 무시할 것이다. 그리고 어떤 나라에선 '해' 자가 모든 이들이 숭배해야 할 이치라고 혹세무민하는 동안, 이웃 나라에선 '골' 자 외엔 쳐다봐서도 안 될 무가치한 것이라고 치부하며 다른 쪽으론 오줌도 못 누게 할 것이다.

신의 입장에서 보면 혹시 인간들이 이렇게 살고 있는 것처럼 보이지 않을까. 사람들은 대체로 자기가 보고 싶은 것만 보려 하는 것 같다. 삐딱하게 보고, 뒤집어 보고, 거꾸로 보고, 안 보고 싶은 것도 보고, 그럴 때 보이는 것들이 있는데.

오늘은 무엇을 발견했나요?

광고는 어떤 관점에서 관점의 미학이다. 가끔 변명을 잘하는 사람이 광고를 잘하는 법이라고 얘기하곤 하는데, 그건 지나친 주장이고 여러 앵글로 현상을 바라보길 권하는 차원에서 하는 말이다. 반밖에 안 남은 것이 아니라 반이나 남았어로 보기 위해선 보던 대로만 보는 눈으로는 보이지 않는다. 옛날 어떤 카피 중에 '회사를 그만뒀더니 직업이 그렇게 많은 줄 처음 알았다'란 카피가 있었다. 구인잡지 광고였는데 참 공감가게 잘도 썼다는 생각을 했다.

광고라는 박스를 나오면 광고가 더 잘 보이기도 한다. 광고 안에선 오히려 미궁에 빠지기도 한다. 밖으로 나와서 여행가의 눈으로 본다든가 아이의 눈으로 본다든가 임산부의 눈으로 본다든가 혹은 프로이트의 입장으로 보았다 노자의 입장으로 보기도 하고, 영화의 눈으로 보았다가 미술의 눈으로 보기도 하고, 그러다 보면 지금까지 발견하지 못했던 새로운 진실이 보이기도 한다. 왜냐하면 결국은 다 사람에 관한 이야기이기 때문이다. 깜짝 놀랐던 일본의 커피 광고인데, 아침에 만나는 모닝 커피를 이런 눈으로 바라 볼수 있는 사람은 누구인지 정말 궁금할 따름이다.

> 캄차카의 젊은이가 기린의 꿈을 꾸고 있을 때
> 멕시코의 처녀는 아침 안개 속에서 버스를 기다린다
> 뉴욕의 소녀가 미소 지으며 잠자리를 뒤척일 때
> 로마의 소년은 꽃술을 물들이는 아침 햇살에 윙크를 한다
> 이 지구에서는 언제든 어딘가에서

아침이 시작되고 있다
우리들은 아침을 릴레이 하는 것이다
경도에서 경도로
어떻게 보면 교차로 지구를 지키는 것인지도 모른다
자기 전에 잠깐 귀 기울여 보면
어딘가 멀리에서 알람시계의 벨이 울리고 있다
그것은 당신이 보낸 아침을
누군가가 확실히 받았다는 증거다

안녕하세요
네스카페

새로운 시선은 비행기를 타고 배를 타고 여행이라는 장치를 이용해 만나기도 하지만 사유라는 여행을 통해서도 만나게 된다. 나는 가끔 생각의 조각들이 나뒹구는 그곳으로 가서 어디 써먹을 데도 없는 생각들과 놀다 오는 일을 즐긴다. 일을 위해서도 삶을 위해서도 가끔 여기 저기에 낙서처럼 적힌 흔적들을 기록하기도 했는데, 몇 가지 추려 여기 적어본다.

인내는 쓰다. 그 열매도 쓰다_커피
마찰은 좋은 것이다. 펜과 종이의 마찰이 작품을 만든다.
맞는 얘기를 하기 위해 틀린 얘기를 한다_광고
독주도 알고 보면 왼손과 오른 손의 합주다
하루에 한번은 꼭 자신이 태어난 시간을 만난다.
정말 아는 걸까. 안다고 생각하는 걸까.
웃음은 제일 웃기는 운동이다.

모든 견해는 편견이다.
젊었을 땐 눈이 반가웠는데, 나이 드니 꽃이 반갑다.
동물 새끼들만 예쁜지 알았는데 식물 새끼들도 예쁘구나.
인생은 너무 길고 하루는 너무 짧다.
계단은 너무 길고 치마는 너무 짧다.
사랑은 사랑으로 잊고 일은 일로 잊는다.
자유인이란 아는 것과 사는 것이 같은 인간이다.
세계만큼의 언어가 있는 것이 아니라. 언어만큼의 세계가 있다.
고독은 병이 아니다. 약이다.
젊음이란 스무 살에 떠나서 서른 살에 돌아오는 여행이다.
결혼 후 첫 공식행사는 여행이다.
중요하니까 떠드는 일을 하려다 떠드니까 중요해지는 일을 하고 있다.
사람들은 네트워크를 원한다. 그들은 원래 하나였기 때문이다.
인간은 거짓말을 한다. 영혼이 있다는 증거다.
왜 남한테 충고하는데 나한테 하는 거 같지.
감정은 연옥이다. 이성과 욕망 사이의.
이상하지. 알면 알수록 더 불확실해지니.
무서운 건 세계화가 아니다. 동기화다.
광고는 사실을 진실로 바꾸는 일이다.
광고는 심(心)스틸러다.
진짜 중요한 것은 잘 설명 되지 않는 것들이다.
내가 나를 본다는 것은 불가능하다.
사랑하니까 오래 사는 구나_은행나무
인간의 균형감각과 신의 균형감각은 다르다_비극
대통령_크게 소통하는 사람
좋은 사람이란 좋은 습관이 많은 사람이다.
태어날 땐 내가 울고 죽을 땐 다른 사람이 운다
월급_수명 기부

좋은 처세_사람은 드러나지 않게, 일은 드러나게.

철이 든다는 것은 재능과 욕망의 갭을 인정한다는 것이다.

왜 그럴까? 모자를 쓰면 모자라 보인다.

하지 말라는 것은 다 재미있다.

당신의 친절함이 당신을 망친다.

모든 학문은 신이 낸 문제를 푸는 것이다. 따라서 목적은 하나다.

모든 시작은 끝을 잉태하고 있다.

불만은 힘이다.

내가 아는 절대적인 앎은 결국 나는 모른다는 것이다.

학교는 눈이 두 개인 사람들만 가는 곳이다.

가을, 나무가 꽃이 되는 계절.

얼굴에 다 쓰여 있다. Face is book.

하느님은 매일매일 선물을 주고 있는데, 우리가 발견을 못하고 있는 것은 아닌지 모르겠다.

7장. 삐딱하게

모든 크리에이티브는 부정否定에서 출발한다.
지금까지의 인식을 부정하는 것이고
방법을 부정하는 것이고 신념을 부정하는 것이다.
한마디로 과거를 부정하는 것이다.

7장.
삐딱하게

모든 크리에이티브는 부정不定에서 출발한다

 김유신과 김춘추도 축구를 즐겼다고 하니 굳이 축구의 기원을 따지는 것이 무의미하긴 하나 FIFA가 인정한 축구의 기원은 어쨌든 중국 한나라라고 한다. 하지만 발에 닿는 것을 차대는 짓이야 중국이든 영국이든 지역을 가리지 않고, 인간이란 동물이라면 누구나 즐겼을 것 같고, 그러다 그것이 놀이로 발전했든 군사적 목적으로 발전했든 진화를 거듭했을 거라는 건 쉽게 추측할 수 있다. 어쨌든 오늘날 축구만큼 세계를 통일시킨 것은 없는 듯 하다.
 보통의 가정에서 아들 녀석과 말을 트는 가장 빠른 길도 축구다. 내가 아는 젊은 친구 중엔 축구를 너무 좋아해-왠지 생긴 것도 축구 같다는 이상한 생각을 한 적도 있다-축구 해설을 해도 경쟁력 있겠다 싶은 친구가 있는데, "아침에 조기축구회에서 축구하고 오후에 위닝게임을 하고 밤에 프리미어리그를 시청하는 것이 제일 행복한 주말이에요"를 천명하기도 했다. (이렇게 말하는 동안 주말 근무의 상습 원인 제공자인 나를 힐끗힐끗 쳐다보는 것 같았다.) 하지만, 나 역시 축구를 좋아한다. 가끔 잠이 안 올 때면 축구경기를 상상하다 스르르 잠이 들기도 하는데, 오래전부터 나만의 불면 치료법이기도 하다. (양 세는 것보다 백배는 효과적이다.)

축구는 좀 유별난 스포츠임에 틀림없다. 한일 월드컵 때의 그 무지막지한 기억을 꺼내보지 않더라도 말이다. 도대체 이 스포츠에 왜들 이렇게 열광할까?

어느 날 축구 얘기를 하다, 이런 횡설수설을 한 적이 있다. "축구는 말이야 원래 손에 대한 반항이야. 그러니까 인간은 원래 네발 달린 동물인데, 손을 사용하기 시작하면서 직립생활이 시작됐고 이것이 바로 문명의 시작인 것이지. 그런데 인간은 손 때문에 인간이 되었지만 손을 사용하지 않던 그 원초적 인간을 그리워하게 된 거야. 그래서 손에 대한 그들의 저주가 시작된 것이지. 자, 발로 다할 수 있음을 보여주자. 그것은 손에 대한 저항이고 문명에 대한 부정이며 원인간으로의 회귀본능인 것이지. 그렇기 때문에 모든 인간들이 그렇게 열광하는 거야. 그러니까 축구의 정신은 부정과 저항이며 그런 이유로 역사적으로도 귀족들보다는 민중들의 스포츠로 더 각광받을 수 있었던 것이지."

음, 너무 갔나. '아니면 말고'다. 상상은 자유니까. 그리고 이런 상상은 마음껏 해도 좋다. 그게 우리 머리를 위에 둔 이유니까. 그리고 그런 이야기를 해도 철딱서니 없이 킥킥거리고 대꾸해주며 상상을 부추기는 사람들이 옆에 있다는 것은 늘 고마운 일이다.

사실 어떤 의미에서 모든 크리에이티브는 부정不定에서 출발한다. 지금까지의 인식을 부정하는 것이고 방법을 부정하는 것이고 신념을 부정하는 것이다. 한마디로 과거를 부정하는 것이다. 당신이 지금까지 그렇게 보아왔던 것에, 지금까지 그렇게 생각해왔던 것에 물음표를 던지는 것이다.

그래서 오래전, 외국의 유명한 노老CD는 광고 크리에이터의 가장 큰 자질로 반항정신을 꼽기도 했다. 기본적으로 크리에이터라는 사람은 남의 것을 따라 하는 것에 질색해야 하며, 기존 방법을 허물기를 좋아해야 한다는 말이다.

사실 거의 모든 광고를 잘 보면 작든 크든 다 이런 부정이 들어 있다. 선택의 준거를 바꾸는 일이기 때문이다. 맥주의 맛은 보리가 아니라 물이 결정한다고 하거나, 침대는 가구가 아니라 과학이라고 얘기하는 것이다. 소형차를 팔아야 할 땐 'Think small'이라고 말하며 작은 것이 아름답다고 주장하는 것이고, 옷을 팔 땐 은근슬쩍 이렇게 입는 게 트렌드라며 당신의 촌스러움을 꾸짖는 것이다.

앞서 이야기한 올림푸스의 경우도 표현 방법의 부정이 들어 있다. 모든 디카들이 최첨단 테크놀로지라며, 마치 SF 공간 같은 데서 첨단 이미지를 자랑할 때, 반대로 구닥다리 정서를 사용한 것이다. 인식의 부정이든 습관의 부정이든 혹은 표현 방법의 부정이든 부정을 통해 신제품을 등장시키는 것이다. 그 부정의 힘이 얼마나 강하냐에 따라 우리가 흔히 말하는 임팩트가 결정된다. 쉽게 말해 매일 아침 옷 갈아입는 정도의 루틴한 부정은 별 충격을 주지 못한다.

지금까지의 화풍 전체를 부정해야 입체파가 되고 미래파가 되는 것이다. 그러니까 부분부정 보다는 전체부정을 해야 그 파급력이 큰 법이다. 연산군에서 중종으로 바꾸는 작은 부정이 아니라 고려시대를 부정해야 조선시대를 세우는 것이다. 성선설이 아니라 성악설이라고 이야기하든가 불교가 아니라 유교라고 말해야 큰 부정인 것이다. 작은 종지 하나만 뒤집지 말고 전체 판을 흔들어야 한다. 큰 부정은 시대를 바꾸고 사조를 바꾼다. 크리에이티브는 일종의 부정이며 부분부정보다는 전체부정을 선택할수록 그 힘이 강해지는 법이다.

머리를 흔들지 말고 시장을 흔들어라

머리는 사람의 인상에 심대한 영향을 끼친다. 영구머리를 했는데 어느 누가 잘생겨 보이겠는가. 조지 클루니도 바보로 만들 수 있는 게 헤어스타일이다. 까까머리 중고등학교 시절, 1센티, 2센티 더 기르는 게 뭐 그리 대단하다고 매를 맞아가며 저항했는지. 그 얼굴이 그 얼굴인데. 그래도 그땐 온몸으로 사수해야 할 아이들의 미적 재산 1호였으리라. 그런 청춘 시절부터 긴 머리의 청순녀는 남자들의 영원한 로망이다. 헵번 스타일이 유행하기도 하고 단발머리 프랑스 여인들의 지적인 스타일도 좋지만, 그래도 가장 많은 지지표를 얻는 건 늘 찰랑 찰랑 긴 생머리다.

내가 엘라스틴을 맡은 건 외국계 프리미엄 샴푸들의 침공으로 샴푸 시장이 일대 전환기를 맞던 때였다. P 샴푸는 기존 샴푸들보다 한 단계 높은 품질로 여심을 공략했고, 시장 수성을 위해서는 획기적인 샴푸 개발과 광고가 필요했다. CD가 되고 얼마 되지 않아 우리 팀은 이 프로젝트에 투입되었는데, 기존 팀과 경쟁 프레젠테이션을 해야했다.

상황이 상황이었고 새로운 돌파구가 필요한 건 이해가 갔지만, 사내에서 경쟁을 해야 하는 건 그렇게 유쾌한 일은 아니었다. 신장개업한 젊은 팀이라 신선한 아이디어를 기대하는 눈도 제법 많아 여러모로 불편한 환경 속에서 시작을 했다. 하지만 어쩌랴. 피할 수 없다면 즐겨야지. 맘에 드는 건, 사상 최대의 물량을 쏟아부을 계획이라는 광고주의 약속이었다.

어차피 할 거라면 큰 게임이 좋다. 그래야 배우는 것도 많으니까. 엘라스틴이라는 브랜드 이름도 정해져 있었고 이름에서 알 수 있듯, 탄력 있는 머릿결을 만들어주는 샴푸라는 콘셉트도 어느정도 정해져 있었는데, 문제는 그게 그다지 맘에 들지 않았다. 이런저런 생각의 퍼즐들이 무질서하게 쌓여가고 마음에 드는 생각은 좀처럼 얼굴을 내밀 기색 없이 시간만 흘러갔다.

그러다 이런 성실한 학생의 자세(주어진 질문에 좋은 답을 써내는)로는 충격을 주지 못할 것 같았다. 브랜드 이름이고 콘셉트고 다 버리고, 그냥 지금 우리에겐 도대체 어떤 샴푸가 필요할까, 라는 본질적인 생각만 남겨놨다. 이런 짓은 나의 특질 중에 하나다. 문제를 잘 푸는 게 본질이 아니라 결국은 제품이 히트 치고 성공하는 게 본질 아닌가.

샴푸의 존재 이유를 바꿔보자는 생각은, 기존의 모든 샴푸가 이야기 하는 방법의 부정으로 이어졌다. 지금까지 샴푸는 단순히 클렌징(세정)이었다. 탄력과 아름다움을 강조하더라도 샴푸는 샴푸였다. 그런 모든 샴푸에게 엘라스틴은 샴푸가 아니라고 말한다면… 아니 그렇게 말할 수 있었다. 2000년대 초반 여자들의 머리에 대한 인식은 이미 뷰티 그 이상이 되어가고 있었다. 적어도 나에게는 그렇게 보였다. 그렇다면 샴푸는 여자들에게 샴푸가 아니라, 하나의 화장품이라는 생각이 들었다.

'It's not shampoo. It's cosmetic.' 전체부정을 해보자. 여자의 머리는 피부라는 콘셉트가 자연스럽게 떠올랐다. '머리는 피부다'. 어떻게 보면 이 단순한 명제가 새로운 아젠다로 등장해 상식이 된 계기는 이렇게 시작됐다. 지금까지 한번도 바라보지 않은 관점이 탄생한 것이다. 우리는 숙제를 푼 것이 아니라 본질을 바라봤고 그것을 우리의 주장으로 결정했다. 엘라스틴 캠페인의 시작이었다.

샴푸는 샴푸가 아니라는 부정은 새로운 긍정의 시작이다. 그러나 이러한 부정이 꼭 성공하는 것만은 아니다. 얼마나 제품의 진실과 본질적으로 맞닿아 있느냐, 그리고 시대적으로, 시장적으로 얼마나 적절한 타이밍이냐에 달려 있다. 그다음은 그것을 얼마나 설득적으로 전달하느냐의 문제일 것이다.

엘라스틴의 첫 번째 광고는 일종의 티저 광고 형식으로 전개되었다. 머리는 피부다라는 새로운 아젠다만 시장에 던지고 궁금증을 유발한 뒤 이어서 본격적인 캠페인으로 들어가는 형식을 취했다. 모델이 문제였다. 헤어에 대해 전문적인 견해를 이야기할 수 있는 신뢰도 있는 트렌드 리더들을 캐스팅하자는 쪽과 빅모델 캐스팅을 주장하는 쪽으로 나뉘었다. 이 논쟁은 큰 싸움이 필요하지 않았다. 시장을 보면 당연히 빅모델이었기 때문이다. 결론은 누구냐가 문제였는데, 시장에 던지는 충격파를 고려할 때 한 명이 아니라 당시 가장 잘 나가는 빅모델을 다 동원하자는 얘기가 나왔다. 사실 전례로 볼 때 유례없는 투자였다. 한판 크게 붙어보자는 얘기였다.

이영애, 전지현, 이승연. 그녀들이 다 나온다는 사실만으로도 화제가 될 만했다. 지금 보면 시간의 흐름이 느껴지기도 하지만, 액티브하게 뛰고 점프하고 머리만 흔드는 단일 씬 구성은 단순하지만 파격적이었고 기존의 광고 스타일을 완전히 버린 과감한 시도였다. ㅊ 감독은 남성적이라 샴푸 광고 감독으로는 다소 위험한 선택이었는데, 난 오히려 그의 남성적 해석이 기존 샴푸들과 달라 보이게 만들 거라는 예상을 했다. 실제로 노끈처럼 풀어지는 헤어의 시즐은 대단히 인상적이었고, 강인하며 드라마틱한 음악과 함께 헤어 시즐의 새로운 전형을 만들어 냈다.

ㅊ 감독과는 그렇게 5년을 넘게 함께 작업하며 형과 아우로 지금까지 연을 이어가고 있으니, 참 오랜 세월을 동고동락하고 있다. (지금 ㅊ 감독은 나와 함께 CD로서 일하고 있다. 인생이 늘 그렇듯 그와 함께 그 시절을 반추하는 것은 우리 둘만의 행복한 안줏거리다.)

나중에 엘라스틴의 모델은 이영애 씨와 전지현 씨로 좁혀졌다가, 전지현 씨가 단독 모델이 되며 엘라스틴과 그녀는 불가분의 관계가 되어버렸다. 결국은 긴 생머리의 승리였다. 그리고 그녀의 '엘라스틴 했어요'는 어느 날 유행어가 돼 있었고 엘라스틴은 샴푸의 대명사가 되었으며, 나도 덩달아 유명 CD가 돼 있었다(사진1)

사실 "엘라스틴 했어요"(처음에는 "엘라스틴 하세요"였다)라는 카피는 안타깝게도 당시 심의에 걸리기도 했다. 어법에 맞지 않는다는 거였다. "엘라스틴으로 감았어요"나 "엘라스틴 샴푸를 했어요"가 어법에 맞다는 것이 심의실 측의 주장이었다. 읍소에 설득에, 겨우 심의를 통과시켰지만 하마터면 모든 전략이 수포로 돌아갈 뻔한 순간이었다.

광고를 하다 보면 이렇게 어디서 어떻게 지뢰가 터질지 모른다. 특히 광고심의는 늘 위험한 지뢰밭이다. 조심해야 한다. 배스킨라빈스 '아이 엠 샘' 편을 찍을 땐 이런 일도 있었다. 학생들이 버스를 타고 가며 길을 걷고 있던 박해일 씨를 향해 "쌤~, 쌤요!" 하며 부르는 장면이 있었는데, 이 역시 불필요한 사투리 사용 조항에 걸리기도 했다. 다행히 촬영 장소가 경상도 지역이라는 것이 입증돼 무죄방면 된 적도 있다.

어쨌든 "엘라스틴 했어요"는 샴푸가 아니라 화장품이라는 우리의 전략에 방점을 찍는 그야말로 에센스 중의 에센스였다. 왜냐하면 머리는 '감다'라는 동사가 맞지만 화장은 '하다'라는 동사가 어울리기 때

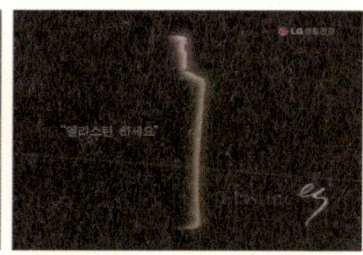

▲ 사진 1 | 엘라스틴 광고 캠페인

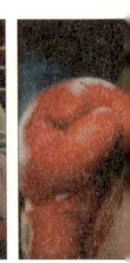

▲ 사진 2 | 엘라스틴 캠페인 '복싱' 편

▲ 사진 3 | 엘라스틴 캠페인 '그림' 편

문이다. "엘라스틴 했어요"는 바로 머리도 피부니까, '화장을 했다'라는 의미를 담고 있으며 엘라스틴이라는 브랜드를 하나의 일반명사화 하자는 전략까지 내포하고 있었다. (엘라스틴의 성공 이후에 브랜드 이름에 ~하다 혹은 ~하세요 같은 카피들이 많이 나오기도 했다.)

애인을 보내며…

열 편이 넘는 작품을 만들면서-시장의 성공이 든든한 지원군이 되었지만-광고주와의 관계는 돈독해졌고, 나중에는 이미지 그림 한 장만으로도 광고주의 오케이를 받아냈으니, 참으로 복 받은 캠페인이었다. 시리즈를 만들다 보면 특히 좋아하는 작품이 있기 마련인데, 나에게 물으신다면, '복싱'(사진2) 편과 '그림'(사진3) 편이다.

'복싱' 편은 전지현 씨와 이영애 씨가 함께 촬영하며 벌어지는 현장 에피소드로 만들었는데, 서로가 서로의 머릿결에 관심을 가지며 감탄한다는 설정이었다. 당대 최고의 미녀스타 둘(내 기억엔 한 번도 작품을 같이 해본 적이 없었던 것 같은데, 같이 할 이유도 없었겠지만)이 한자리에 있는 모습을 보는 것은 즐거운 일이었지만, 막상 두 사람은 사뭇 어색하기도 하고, 신경 쓰이기도 한 것 같았다.
 하지만 촬영에만 들어가면 언제 그랬냐는 듯이(늘 배우들의 이런 모습을 보면 배우는 정말 아무나 할 수 있는 직업이 아니라는 생각을 하게 된다) 역할에 흠뻑 빠져 감정이입하는 것을 보면서, 어느덧 나도 모르게 손뼉을 치며 흥분을 했던 기억이 있다. 특히 샌드백을 치며 머리가 샌드백에 부딪힐 때, 전지현 씨의 그 풍성하게 출렁대는 머릿결은 가히 압도적이다. (나는 이 시즐을 그냥 일방적으로 제품의 편익을 보여주기 위해 보여주는 시즐이 아니라 드라마 속에서 자연스럽게 보여주는 시즐이라 해서 한동안 '내추럴 시즐'이라는 황당한 용어를 만들어 설명했던 적이 있다.)

'그림' 편은 시리즈 거의 마지막 편에 해당한다. 어느 잡지에서 불타는 듯한 강렬한 도시의 밤을 그린 그림을 보다 갑자기 콘티를 구상했다. 시리즈 내내 실사 촬영이라는 정통적 방법을 고수해오다 어떻게 보면 잠깐 바람을 핀 것 같은 기분으로 만들었다. 도시를 배경으로 집시의 흐느낌처럼 서 있는 여인의 그림. 그 그림이 음악에 맞춰 춤을 추듯 움직이며 실사로 살아난다. 바람에 출렁이는 머릿결이 그림에서 실사로 바뀌어야 하기 때문에 아주 세밀한 합성이 필요했던 작업이었는데, 촬영과 합성이 계획대로 되지 않아 많은 시행착오를 겪으며 안절부절했던 기억이 있다. (당시의 CG 기술의 한계도 있었고, 전지현 씨는 전지현 씨대로 강풍기를 계속 맞아가며 심한 고생을 하기도 했다.)

하지만 마지막 아웃풋은 어느 정도 만족할 만한 수준 — 지금 생각하면 아쉽지만, 그때는 안도의 한숨을 내쉬었다 — 에 이르렀고, 조금은 낯설은 하지만 새로운 실험을 하며 아슬아슬하게 얻은 작품이라 지금 봐도 남다른 애착이 간다.

광고가 히트를 치면 이 사람 저 사람 칭찬을 하고, 브랜드가 유명해지고 매출이 올라간다. 이런 경험은 기쁘기도 하지만 어떨 때는 좀 신기하기도 하다. 인간이란 참 어렵게 사는 동물이라는 생각이 들기도 한다. 이런 걸 꼭 이렇게 만드느라 수고해야 하고 또 그걸 보고 사러 가는 사람들을 보면 솔직히 난 아직도 신기하다.

엘라스틴은 5년을 넘게, 나에게 엔도르핀을 제공했다. 그것은 다른 일을 잘할 수 있게 에너지가 되어주기도 했다. 출시 일년 만에 시장점유율이 12%에 육박했는데, 이 기록은 샴푸 마케팅 역사에서 전무후무한 기록이라며 광고주와 AE들이 흥분했다. 하지만 사실 그게 얼마나 대단한 건지는 감이 잘 안 온다. 내가 하고 싶은 걸 했는데 사람들이 좋아하니 나도 그냥 좋을 따름이다. (그렇다고 내가 사람 좋다는 얘긴 아니다. 가끔 좋아해야 할 것과 좋아하는 것이 헷갈릴 때가 있을 따름이다.)

광고주 팀은 파격적인 보너스까지 받고 나에게 한턱 톡톡히 쏘기도 했다. (나도 물론 연봉이 올랐다.) 하지만 더 좋은 건 어떻게 하면 사람들을 움직일 수 있는가에 대한-부족하지만-대답을 얻은 것이고, 늘 그렇지만 복잡한 프로세스가 단축된 것이고, 나의 말에 제법 힘이 실렸다는 것이다.

이렇게 오래 연을 맺은 브랜드는 사실 감회가 남다르다. 탄생부터 같이했고 유명한 스타 브랜드로 만들었으니 가끔은 광고주도 아닌데 내가 오히려 그 브랜드의 주인인 양 걱정도 되고 흥분도 된다. 내가 처음 있던 회사를 떠날 때(나는 첫 직장에서 17년을 있었다. 꽤 오랜 시간 동고동락했었기에 이별은 쉽지 않은 결정이었다.) 많은 사람들이 놀랐고 나 또한 가슴이 아팠지만, 무엇보다 내가 사랑했던 브랜드들과 헤어진다는 것이 굉장히 큰 허탈감으로 다가왔다. 그러리라고는 생각 안 했는데 참 묘한 느낌이었다. '엘라스틴 했어요'가 캠페인으로서 끝이 났을 때는 다른 회사에 있었는데, 마치 오래된 애인이 내 곁을 떠나는 기분이었다.

인정받고 싶은 사람들

나는 잘 걷지 않는다. 차 타기를 좋아하다 보니까 잘 걷지 않게 되고, 사무실에서도 늘 회의다 보니까 걷기와는 점점 거리가 멀어지게 되었다. 그러다 보니 이른 나이에 골다공증에 걸렸다. (물론 술과 커피의 동반공격도 주요 원인이다.) 한번은 종합검진을 받았는데 뼈 나이가 팔십이란다. 코미디 같은 말이라 웃어넘겼는데, 웃어 넘길 일이 아니라는 것이 병원과 주위 사람들의 걱정 어린 눈빛에 담겨 있었다. 마침내 태어나서 처음으로 체육관이라는 곳을 가게 됐고, 운동이라는 것을 시작했다. (사실 골다공증뿐 아니라 그 당시 나의 몸은 망가질 대로 망가져 있었다.)

한편으로는 체육관이라기보다 나에겐 병원이라는 말이 더 어울릴 것 같다. 당시 내 트레이너의 말을 빌자면 처음 만났을 때 나의 모습은 거의 시체가 걸어오는 느낌이었다고 한다. 그에게는 거의 중환자에 해당했는데, 실제로 6개월 동안 나는 기구 하나 손댈 수 없었다.

트레이너 말로는 기구를 만질 수 있는 단계가 아니라는 얘기였다.

운동 첫날, 나의 부실함은 심지어 나 자신조차 깜짝 놀라게 했다. 트레이너는 공을 내 손에 쥐여주며 양손으로 잡고 머리 위로 들어 올렸다가, 두 다리 사이로 넣기를 반복할 것을 명령했다. 나는 마치 신병처럼 구령 소리에 맞춰 동작을 시도했으나, 그만 '하나'에 쓰러지고 일어나질 못했다.

처음엔 트레이너도 믿지 않는 눈치였다.(하기야 나도 믿기질 않았으니) 하지만 내가 정말 다리에 쥐가 났다고 하자, 한심하다는 듯 바라보며 낮은 포복으로 매트 위로 갈 것을 지시했다. 이쯤 되면 이건 특수병과에 해당한다. 아령은커녕, 매일 공 위에서 밸런스 운동을 하거나 스쿼드를 반복하고 트레드밀에서 걷는 것 같은 따분하기 짝이 없는 운동의 연속이었다. (벤치프레스에서 역기를 번쩍번쩍 들어 올리는 체육관 안의 근육남들을 보면 정말 주눅 든다.) 지금 생각해보면 그 당시 내가 어떻게 그것들을 꾸준히 이행했는지 모르겠다. 꾀도 무척 났으나 한 일 년을 병가 냈다고 생각했었다. 일종의 생존을 위한 몸부림이었을 것이다.

거의 매일 기초체력을 다지는 데 노력을 쏟아부은 결과 몸에 살도 붙고, 근육량도 미세하나마 조금씩 늘기 시작했다. 코어 부분 근육이 좋아지자 운동에 속도가 붙었고 6개월쯤 지나자 마침내 나도 체육관에 있던 그 많은 기구들을 만질 수 있게 됐다. 일 년쯤 지나자 주위 사람들이 슬슬 내 가슴과 팔을 만져보기 시작했다. 그렇다고 내가 몸짱이 되었다는 얘기는 아니다. 그래도 과거에 비하면 인간 개소 수준이라 할 수 있었다.

몸이 좀 나아지자 다시 일에 빠져들기 시작했다. 그러다 보니 다시 운동과 멀어지게 되었다. 트레이너의 한숨 섞인 목소리를 뒤로한 채 열심히 운동을 거른 요즘엔 아예 체육관과 담을 쌓고 산다. 주말에 동네 뒷산 워킹이 전부다. 그것도 그나마 기초 체력을 다진 덕에 제법 다닐 수 있게 됐다.

그러니 골프 얘기가 화제가 되면 슬그머니 뒤꽁무니를 뺀다. 언제 어떻게 할 수도 있겠지만, 골프는 나에게 그리 흥미 있는 운동도 아니고, 시간도 너무 많이 잡아 먹는 것이 여전히 썩 내키지 않는다. 이래저래 "운동하세요?"하고 질문이 오면, 내 대답은 주말 워킹 정도뿐이다.

워킹이란 말이 지금온 그렇게 낯설지 않지만, L 사에서 나를 찾는다는 전화를 받았을 때만 해도, 하나의 단어로 떳떳한 대접을 받지 못하던 처지였다. ㅂ 전무는 일면식도 없었지만, 광고계에 오래 몸담고 있던 분이라 만나자마자 오랫 동안 알고 지내던 사람처럼 느껴졌다. 광고 회사에서 광고주로 옮긴지 얼마 되지 않아서 그런지 조금 어색해했지만 그럴 여유조차 없어 보였다.

워낙 꼼꼼하기로 소문난 분이기도 했지만 광고쟁이였던 사람이(ㅂ 전무는 마케터 출신이었다.) 메이커 사업을 총괄하다 보니 이것저것 챙길 것이 한두 가지가 아니라는 말을 했다. 특히 담당하는 P 브랜드를 회생시키는 것이 급선무였는데, 우리 식으로 얘기하면 죽은 자식

살리기 같은 일이었다. ㅂ 전무의 포석은 먼저 워킹화를 하나 만들어 그것을 성공시키는 것이었다. 본인과 조직의 사활이 걸린 문제라며 긴장을 늦추지 않았다. (대체로 거의 모든 광고주의 프로젝트는 죽기 아니면 살기 식의 문제로 시작한다.)

몇 번 광고 안을 받아보았으나 마음에 안 들었다며, 개인적으로 내가 전담을 해줬으면 좋겠다는 부탁을 했다. 나라는 사람은 아웃도어엔 관심도 없고 운동이라곤 숨쉬기 운동과 술잔 드는 팔운동이 전부라고 말했지만 어쩌랴, 그럼 이 기회에 걷기도 해보고 좋지 않겠느냐며 젠틀한 웃음과 함께 어느새 숙제를 머릿속에 차곡차곡 심어주었다. 사실 그때는 일과 술과 잠이 전부였던 와이즈벨 시절의 절정이었던 때라 정말 운동과는 거리가 멀었다. (그리고 몇 년 후에 체육관을 두드리게 되었다.)

개인적인 당부에다 회사로서도 중요한 광고주인지라 마다하기 어렵기도 했지만, 사실 새로운 브랜드를 론칭하는 일은 대단히 흥미로운 일이었다. 어떻게 시장에 진입하는 것이 좋을까? 어떤 작전이 효과적일까? 이런 식의 논의는 늘 난상토론이다. 조사 자료가 들어오고 온갖 가설이 난무하는 순간이다. 생각의 퍼즐들을 하나 하나 이리 끼우고 저리 끼워보다 원점으로 다시 돌아가기도 한다.

당시 걷기를 운동 삼아 하는 사람들은 점점 늘어가고 있었고 잘만 건드리면 시장이 움직일 것 같았다. (이건 어떤 분석 이전에 냄새가 나면 냄새를 맡는 그런 식이다.) 내 생각엔 두 가지 방법이 있을 수 있었다. 하나는 외곽에서 안으로 좁혀가는 방법과 안에서 바깥으로 나가는 방법이었다.

다시 말하면, 워킹 예찬을 통해 워킹 문화를 만들고 워킹화의 리더십을 확보해서 선점효과를 노리는 방법과, 오히려 워킹에 대한 인식이 있고 어느 정도 전문 지식이 있는 헤비워커Heavy walker로만 타깃을 좁혀 그들을 먼저 공략하면서 전선을 확대하는 방법이었다.

크리에이티브 디렉터로선 첫 번째 방법이 브랜드를 키우는 멋지고 욕심나는 방법이지만, 비용 대비 효과로 볼 때 영리한 방법은 두 번째라고 생각했다. 워킹 예찬과 워킹이 몸에 좋다라는 분위기 조성은 언론이 슬슬 해줄 듯했고 우리가 그 일에 노력을 쏟을 필요가 없을 것 같았다. 오로지 헤비워커들하고만 이야기하자, 그들이 신어야 하는 신발로 좁혀 말하자, 라는 것이 나의 전략의 큰 얼개였다.

신중한 성격의 ㅂ 전무 역시 나의 큰 생각에 동의해주었다. 하지만 안에 대해선 좀 더 고민해보기로 했다. 그때 내가 제안한 헤드라인은 '오늘도 걷는다마는'이었는데, 조금 우스꽝스러웠는지 좀 더 조사해볼 필요가 있다는 것이 ㅂ 전무의 신중한 판단이었다. 그와 동시에 헤비워커라는 사람에 대한 철저한 아니, 처절한 분석에 들어갔다.

ㅂ 전무는 업계에서도 유명한 매우 이성적인 마케터 출신이라 조사를 신봉하는 스타일이었는데-어떻게 얼렁뚱땅하는 나를 믿어주었는지 모르겠다-그의 이성적 분석은 정말 용의주도해 한 치의 오차도 없어 보였다. 사실 그 때 그런 식의 마이크로한 접근은 처음 보았는데, 많이 배우기도 했다. ㅂ 전무는 수시로 나를 불러 이야기를 나누었다. 우리의 고민 중 하나는 아직 워킹이라는 단어도 익숙지 않고,

워킹화라는 카테고리도 없었던 때라 시장과 소통하기가 쉽지 않다는 것이었다.

따라서 이 신발을 어떻게 정의 내릴지가 그와 나의 고민이었다. 헤비워커에 대한 조사 자료들이 속속 나오고 회의실에선 어떻게 론칭 광고를 만들어야 할지로 날을 지새우고 있었다. 그러면서도 '이 신발을 어떻게 포지셔닝할까?', '뭐라고 말해야 헤비워커들의 마음을 사로잡으면서 새로운 워킹화로 자리매김할 수 있을까?' 하는 것이 가장 핵심적인 고민이었다. 그러던 어느 날 불현듯 생각 하나가 떠올랐고, 행여 사라질까 부리나케 수첩에 적어놓았다.

그날도 ㅂ 전무와 나는 ㅂ 전무 사무실에서 만났고 이런 저런 선문답으로 말문을 열었다. 그러다 ㅂ 전무가 의자에서 벌떡 일어나더니 화이트보드에 글을 쓰기 시작했다. 그러고는 돌아서더니 "이 대표님 이거 어떻게 생각하세요? 생각해보니까 말이죠…" 나는 말을 이어가려던 ㅂ전무를 막아서며, 어이없다는 듯이, "전무님 이거 보세요" 하며 내 수첩을 보여주었다.

우리 둘은 한동안 웃을 수밖에 없었다. 찌찌뽕이었다. 우리 둘 다 똑같은 단어를 가져온 것이다. 나의 수첩에도 그의 화이트보드에도 똑같이 '스포츠 워킹화'라고 적혀 있었다. 이쯤 되면 모든 것이 일사천리다. 대체로 마케터와 CD가 생각의 일치를 보기란 쉽지 않다. 게다가 조사를 신봉하는 마케터와 일할 땐 더더욱 그렇다. 신기하게도 지금 그런 일이 벌어진 것이었다. 그것도 아주 중요한 결정구가 완벽하게 일치했다니 뉴스에나 나올 법한 일 아닌가. 지금 생각해도 참으로 신기하다. (크리에이터와 마케터는 자주 만날 일이 없고 그러고 싶지도 않지만, 서로 고민을 나눌 수 있는 좋은 파트너를 만난다면 천군만마가 되어줄 수 있다.)

거의 모든 길이 정리되었다. 이젠 성능 좋은 차를 만들어 달리기만 하면 되었다. 하지만 성능 좋은 차를 만드는 것 또한 어디 쉬운 일인가. 그래도 우리가 어디를 향해서 달려야 되는지가 분명하다는 것은 유쾌한 일이다. 헤비워커라는 사람들의 심리며 행동 습관 같은 것들의 자료는 이미 방대해졌고 그들을 잡을 고도의 심리전만 남았다. 문제는 워킹화를 팔아야 하는데, 그들의 인식에는 워킹은 있는데, 워킹화가 없었다.

어떻게 그들을 유인할까. 이것은 무엇을 부정할까의 문제와 같다. 내가 생각한 건 그들의 행동 습관이었다. 지금까지 워킹 시, 가장 당연하게 생각했던, 하지만 한번도 생각하지 않았던 것을 부정해보자. 그들은 분명 당황하고 상처를 입을 것이다. 그리고 우리의 새로운 뉴스에 반드시 귀를 기울일 것이다. 이 소구 방법이 효과를 발휘하기 위해선 몇 가지 조건이 있다.

첫째, 타깃들에게, 맞아, 이건 내 얘기야! 라는 점을 분명히 할 것.
둘째, 그들의 심리를 완벽하게 파악할 것. 그래야 그들을 들었다 놓았다 할 수 있으니까.

자, 우리가 파악한 헤비워커 그들은 누구인가. 간단히 정리하면 그들은 워킹을 하나의 완벽한 운동으로 생각하는 사람들이며(오히려 러닝보다 더), 일종의 워킹 신봉론자들이다. 주 2, 3회 그리고 한 시간 이상 꼭 워킹을 하는 사람들이고, 웬만한 비가 와도 그들은 몸이 근질근질거려 나가게 되며, 그 비를 즐기기도 한다. 그들은 또한 팔의 각도, 스트라이드 등 자세도 중요하게 생각하며 그것은 운동 효과를 가장 중요시 하고 있기 때문이다.

한마디로 그들은 워킹을 그리고 워커를 인정해주기를 원한다. 타깃의 이런 심리적, 행동적 습성은 대단히 중요하다. 그래야 그들의 자존심을 존중하기도 했다 상하게 하기도 했다 하는 것이다.

그렇게 정확한 계산에서 만든 광고가 바로 이 첫 번째 광고다.(사진 4)

> 당신은 비가와도 걷습니다.
> 당신에게 워킹은 완벽한 스포츠입니다.
> 그런데 왜
> 러닝화를 신고 걸으시죠?
> 이젠 스포츠워킹화
> 프로스펙스 w

워킹을 운동으로서 존중받고 싶어하는 그들의 심리, 비가 와도 걷는 그들의 행동 습관을 그대로 반영해 그들이 광고 속으로 이입할 수 있도록 만들었다. 그렇게 워킹을 사랑하며 전문가를 자처하는 당신의 발에 왜 러닝화가 신겨져 있죠? 순간 인식의 환기가 일어난다. 나의 워킹이 부정되는 순간이다.

결정적 한마디다. '그런데 왜 러닝화를 신고 걸으시죠?' 그러게 거기까진 생각 못했네. 지금까지의 방법이 부정되며, 약간 자존심도 상한다. 원래 이 카피는 '물론 워킹화가 나왔는지 몰라서 그러셨겠죠.'라며 다시 자존심을 회복시켜주는 멘트가 있었으나 마지막에 생략하는 걸로 결정했다. 시간도 시간이고 좀 장황하다는 느낌 때문이었다.

촬영은 잠수교에서 이루어졌다. 잠수교는 실제로도 많은 워커들에게 사랑받는 워킹 코스다. 상황은 일부러 빗속 워킹으로 설정했고, 모델은 이선진 씨로 했는데 이선진 씨는 실제 헤비워커였고 리얼리티를 위해 거의 노메이크업 상태로 촬영했다. 모든 것은 타깃 공감을 위해 희생되었다.

광고는 과학이 아니다. 그래서 어떤 공식이 존재하지 않는다. 만약에 성공하는 광고를 만드는 공식, 가령 $a^2+b^2=c^2$ 같은 공식이 있다면 참 편할 것이다. 그 공식에 맞게 대입만 하면 되니까. 그렇게 되면 우리 같은 사람은 어떻게 살아야 할까? 복잡계 같은 이론이 그런 복잡함을 푸는 것인지는 복잡해서 잘 모르겠지만, 비선형적 변인들을 모두 통제한다는 것은 거의 불가능하다. 그것은 신의 영역 아닐까? 신들이 그렇다고 대답해줬으면 좋겠다. 그래서 좌뇌형 사람들은 답답하고 나 같은 사람들은 안도의 한숨을 내쉰다. 하지만 그래도 수 많은 사람이 참여하며 막대한 돈을 쓰는 것이 광고인지라 ㅂ 전무처럼 성공확률을 높이려는 노력은 점점 더 정교해지고 있다. 하지만 재미있는 것은 그럴수록 변수도 많아지고 있다는 것이다.

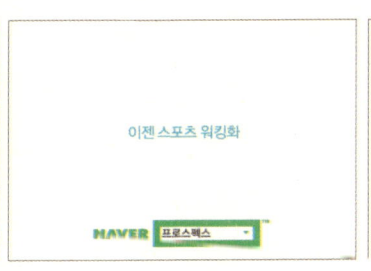

▲ 사진 4 | 프로스펙스 W 광고

스포츠 워킹화라는 키워드를 꺼내 들었다. 그렇게 캠페인은 시작되었고, 워킹화 바람이 불기 시작하더니 어느 날 프로스펙스라는 회사가 살아났다는 이야기가 들리기 시작했다.

이 광고로 워킹화 열풍이 불기 시작했고 ㅂ 전무는 그야말로 죽은 자식을 살려낸 영웅이 되었다. (폭발적인 초기 수요로 공급이 달려 애먹기도 했다.) 나 역시 훌륭한 성공 포트폴리오를 하나 더 추가하게 됐다. 하지만 어떤 측면에서는 반대로 워킹 열풍이라는 예측하지 못했던 변수가 판매에 날개를 달아줬다고 할 수 있다.

이 광고는 이후 '11자 워킹' 편 등 계속해서 시리즈로 만들어져 나갔다. 그 와중에 제주도에 올레길이 생기고 여기저기 워킹 코스들이 생기면서 워킹이 하나의 사회적 신드롬으로 자리하게 되었다. 애초 예측한 대로 워킹 문화라는 큰 울타리가 자연스럽게 생겨난 것이다. 그것도 아주 적절한 시기에.

한편으로는 워킹이 가진 또 하나의 중요한 속성, 즉 멘탈치료적 혹은 힐링적 특성에 열광할 만큼 당시 우리 사회가 정신적으로 지쳐 있었던 것 아닌가 하는 생각이 들었다. 올레길로 가는 비행기는 가득 찼으며, 주위 사람들 중에도 산티아고 순례가 유행처럼 번졌다.

개나리가 도전한다고 진달래가 되는 것은 아니다

촬영 때문에 해외를 다니다 보면 지구상에 우리 나라처럼 악다구니로 사는 나라도 드물다는 생각을 하게 된다. (물론 잠깐 머물다 보니 좋은 점만 보게 되지만) 좋게 이야기하는 사람들은 그것이 우리를 이만큼 먹고 살게 만들었다고, 가난을 안 겪어봐서 그렇다며 두둔하기도 한다. 그걸 탓하고 싶지는 않지만 부자는 점점 더 많은 걸 가지게 되고 가난한 자들은 점점 더 가난해질 수밖에 없는 구조는 심각하다.

나는 가끔 꿈이나 가능성 같은 단어들이 주는 허구에 주목한다. 민주주의와 시민사회의 탄생이 가져다준 가장 큰 선물인 꿈과 가능성은 우리의 삶을 의미 있게 만드는 원동력임이 틀림없지만, 한병철 교수가『피로사회』라는 책에서 지적했듯이 어떤 의미에서는 자기착취적이기도 하다. 모두가 꿈을 꿀 수는 있지만 모두가 이룰 수 있는 것은 아니다. 그리고 그것을 무조건 개인의 게으름과 무능으로만 돌리는 것은 이긴 자의 이데올로기이다. 얄팍한 자본주의는 점잖은 척 그에 편승한다. 어떻게 보면 재능 있는 자들의 성취를 일반화하는 것은 성공한 주식투자만 이야기하는 것과 유사하다.

누구나 자기 분야에서 일 만 시간을 투자하면 그 분야에서 대가가 될 수 있다고 믿는가. 스티브 잡스만큼 열심히 살지 않아서 스티브 잡스처럼 되지 않는 것일까. 그렇게 생각한다면 순진하다. 얼마 전 미시간 주립대학의 연구결과는 흥미롭다. 스포츠나 예술, 공부 등에서 이룬 성과를 분석해보니 선천적 재능이 노력보다 훨씬 더 큰 비중을 차지하고 있다. 음악이나 스포츠 등에서 재능이 차지하는 비중은 약 80% 내외였고 심지어 학문분야에서 재능이 차지하는 비중은 96%였다. 그러니까 노력이 기여하는 바는 4%에 불과했다. 그렇다고 내가 노력을 무시하는 것은 아니다. 노력 없이 이루어지는 것 또한 아무것도 없다.

그것보다 나는 자신이 왜 지구에 도착했는지, 나의 원형原型을 찾기 위해 영혼의 목소리에 귀 기울일 것을 권하는(『나는 무엇을 원하는가』_ Soul's Code) 제임스 힐먼 교수의 말이 더 정직한 것 같고, 더 믿음이 간다. 도전은 아름답지만 개나리가 도전한다고 진달래가 되는 것은 아니다. 걷다 보니까 별생각 다하게 된다. 확실히 걷기는 운동이기도 하지만 사색이기도 하다.

요즘 나는 주말에 아내와 함께 집 근처 서리풀 공원을 한 시간 가량 걷는 것으로 운동량을 채우고 있는데, 그나마 햇빛과 바람을 받는 유일한 시간이다. 재미있는 조사 하나가 더 기억난다. 역대 노벨상 수상자들의 취미를 분석해보았더니, 가장 많이 나온 취미가 산책이었다고 한다. 많이 걷자. 그렇다고 노벨상을 받게 되는 것은 물론 아니다.

8장. 루키즘은 시대의 종교다

예뻐지고 싶어 하는 여자의 욕망에 누가 돌을 던질 수 있으리오.
무인도에 홀로 남겨진 여자가 가장 오래 견디는 방법은
그녀에게 거울을 주는 것이라고 했거늘.

8장.
루키즘은 시대의 종교다

미美에 관한 고백

아버지는 영화 포스터를 차곡차곡 모아두셨다. 아마 수백 장은 되었던 것 같다. 어렸을 적 다락에 올라가 있기를 좋아한 나는 그 스크랩을 찾아내 보는 일로 양키 문화와 접선하곤 했다. 그레이스 켈리, 잉그리드 버그만, 데보라 카 등의 얼굴들을 처음 접하며 가슴이 콩닥콩닥했던 기억이 새롭다.

그중에서도 마릴린 먼로의 터질 듯한 입술은 어린 가슴에도 가히 현기증이 날 정도로 충격적이었다. 강렬한 립스틱을 바른 입술을 도톰하게 내밀며 도발하는 이 금발의 여인은 천박하지만 연민이 느껴지고 요부 같지만 소녀의 청순함이 묻어 있는 참으로 미스터리한 얼굴이었다. 존 F. 케네디, 로버트 케네디 형제와 삼각관계에 빠질만큼 – 결국은 의문의 죽음으로 끝났지만 – 그녀의 매력은 숱한 남성들을 무릎 꿇리며 오랫동안 여신의 자태로 군림했다.

사실 미국의 팝 문화를 대표하는 이 여인은 전통적인 미인의 계보와는 거리가 멀다. 아주 오래된 역사로 거슬러 올라가보면 밀로스 섬에서 발견된 아프로디테상(미로의 비너스) 이후 유럽의 전통적인 미인은 보티첼리의 그림, 비너스의 탄생에서 발견된다. 이 여인은 당시 '시모네타 베스푸치'라는 여성이었는데, 오늘날로 말하자면 미스 피렌체에 해당하는 여자쯤으로 생각하면 된다.

한편 동양권 미인의 원조는 월나라 때의 미인 서시다. 어찌나 아름다웠던지 물에 비친 서시의 얼굴을 보느라 물고기들이 헤엄치는 것을 잊고 강바닥으로 가라앉았다는 일화가 전해지니 그 얼굴이 심히 궁금해질 따름이다. 우리가 흔히 말하는 빈축이라는 말도 서시 때문에 유래되었다고 한다. 서시는 어릴 적부터 가슴앓이 병이 있었는데 가슴이 아플 때마다 얼굴을 몹시 찡그렸다. 이 소문이 궁중 밖으로까지 퍼지자 어느 시골의 아주 못생긴 추녀가 자기도 찡그리면 예쁨을 받을까 하여 항상 얼굴을 몹시 찡그리고 다녔다. 그러자 인근 동네 사람들이 그 추녀의 찡그린 모습에 모두 이사를 갔다 하니 이를 효빈(效嚬: 찡그린 것을 따라 한다)이라 했고, 빈축嚬蹙을 산다는 말도 여기에서 유래된 것이라고 한다.

추측하건대, 서시는 폐결핵을 앓고 있었으며 그런 연유로 얼굴빛이 신비하리만큼 흰빛을 띠고 있었으리라 생각된다. 재미있는 건 보티첼리의 비너스인 시모네타 베스푸치 역시 폐병으로 젊은 나이에 절명했다고 하니 동서의 미인 지존들이 폐결핵이라는 가슴 아픈 교차점을 만들어내는 건 우연인지 필연인지 알 수 없는 일이다.

어쨌든 예쁜 여자들이 가장 많은 나라가 어느 나라인지는 모르겠지만, 예뻐지고 싶어 하는 여자가 가장 많은 나라는 우리나라일 것 같다. (한 조사에 의하면 한국은 일인당 성형회수가 가장 많은 나라다.) 그렇다고 예뻐지고 싶어 하는 여자의 욕망에 누가 돌을 던질 수 있으리오. 무인도에 홀로 남겨진 여자가 가장 오래 견디는 방법은 그녀에게 거울을 주는 것이라고 했거늘. 식욕을 능가하리라는 너스레에 웃음이 나오다가도 정신이 바짝 차려진다. 하기야 제대로 된 사람 살이가 시작된 청동기 시대쯤의 무덤들에서도 칼과 거울이 으뜸으로 출토되는 걸 보면 폭력의 역사만큼이나 거울 보기의 역사도 꽤 유구한 듯하며, 아름다움에 대한 여자의 욕망은 모든 욕망에 앞선 욕망이 아닌가 싶다.

언젠가 TV에서 거울 보기가 취미라고 당당히 밝힌 여배우 ㄱ 양은 차를 몰면서도 틈만 나면 룸미러로 얼굴을 확인하곤 한다는데, 지금 자기 얼굴이 어떤 모습일까가 3분 만에 한 번쯤은 궁금하다고 한다. 루키즘Lookism에 관한 한 조사보고서에 따르면 보통의 한국 여자들도 하루에 약 9회 정도는 거울을 보고 산다고 하는데, 찍고 바르고 보고 빼고, 거기다 가르고 자르고 째고 깎고 넣고, 미모와의 전쟁은 실로 처절하고 숙연하기까지 하다.

광고는 여자들의 이 힘겨운 싸움을 조금이라도 돕기 위해 오늘도 수많은 이미지를 생산하고 전도하는 바, 그 최일선에는 언제나 화장품 광고가 있어왔다. 아마 우리나라 화장품 광고에서 두 가지 가장 큰 사건이 있었다면 그것은 1989년과 2001년에 일어난 일이었을 것이다.

1989년에는 우리나라 최초로 서양 모델이 "드보~옹" 하며 신고식을 치렀다. 바로 소피 마르소라는, 지금은 모 감독의 아내가 된 이 청초한 프랑스 아가씨의 등장은 우리 대중에게 서구 미인이 미의 기준임을 공식적으로 천명한 사건이었다. 대중적 센세이션과 마케팅적 성공은 이후 황신혜, 윤정, 이영애 등 비교적 서구형 미인들이 각광을 받게 된 계기가 되었다고 볼 수 있다.

2001년에는 본명 이경엽, 예명 하리수라는 트랜스젠더의 캐스팅이 있었다. 우리 사회정서로 보면 전대미문의 불순한(?) 사건이 아닐 수 없었다. 이는 성적 마이너리티에 대한 사회의 진보적 변화라든가 혹은 미에 대한 영역의 확대라는 시각보다는 오히려 예쁘면 모든 게 용서된다는 폭력적 이데올로기, 즉 루키즘의 작용을 의심하는 게 훨씬 현실적이다.

어쨌든 그때나 지금이나 루키즘은 시대의 종교다. 그렇다고 루키즘에 대해 비난 일색으로 거칠게 몰아붙일 생각은 별로 없다. 그건 내가 아니어도 할 사람이 줄을 서 있어서이기도 하거니와 어떤 관점에선 감싸 안을 여지(?)가 있다는 것이 개인적인 생각이기 때문이다.

한 사회의 미적 성숙 단계가 있는지 없는지는 모르겠지만, 루키즘 열풍이 개인을 떠나 우리 사회 전반을 미적으로 세련되고 성숙하게 만들 수도 있겠다는 엉뚱한 가설을 세워본 적이 있다. 그것은 고상 일

변도의 상위 문화가 해결할 수 없는 지점에서 출발을 한다.

루키즘이 어쨌든 개인의 색色과 선線, 혹은 조형에 대한 미적 센스를 높여주고 안목을 키워주는 데 약간이라도 도움을 준다면 조악하고 미적인 센스와는 거리가 먼 우리 주위의 환경들을 변화시키는 데도 한몫할 수 있을 것이기 때문이다. 멋진 양복이나 드레스를 입었을 때와, 일상복을 입었을 때, 혹은 군복을 입었을 때 말하거나 행동하는 매너는 각각 달라진다. 형식이 내용을 바꿀 수도 있다.

광고로 보면 아름답고 세련된 비주얼에 거칠고 멋대가리 없는 헤드라인이 어울리지 않는 것처럼 비주얼에 대한 감각이 사회 전체의 커뮤니케이션을 세련화하는 데 기여할 수도 있겠다 싶다. 그러므로 루키즘을 외모지상주의가 아니라 한 사회가 아름다움에 눈을 뜨는 혹은 비주얼커뮤니케이션에 가슴을 여는 가장 원시적인 단계로 이해하고 싶기도 하다.

내가 아는 어떤 분은 난蘭을 싫어했는데, 아니 난을 싫어했다기보다, 그 꽃의 비주얼이 사무실과 어울리지 않아서 싫어했다. 보통 회사에서는 승진철이 되면 축하 화환이 많이 도착한다. 사회적 관계 때문에 도착한 그들 화환에는 대체로 난(서양란이든 동양란이든)이 많은데, 그야말로 사무실은 난으로 난리가 난다. 하지만 천편일률적인—거의 하나의 공장에서 뽑아낸 것 같은—분盆과 꽃들은 보내신 분의 성의와는 관계없이 시각적 공해일 때가 많다. 특히 그 회사는 건축적으로도 아름다운 건물인 데다 인테리어 하나하나 미적 감흥이 일도록 배려한 곳이었으니, 그런 오브제들의 간섭이 거슬릴밖에. 그러니 그런 화환들이 눈에 띄면 버럭 큰 소리가 날 수밖에 없었다.

모든 대상들의 조화로운 배치는 눈과 마음을 즐겁게 한다. 옥의 티는 불편하고 불안하다. 아니 옥이 안 보이고 티만 보이게 하기도 한다. 그분은 그런 걸 체질적으로 참지 못했다. 프랑코 독재 정권 시절, 파블로 카잘스Pablo Casals는 독재에 저항하는 이유는 그것이 아름답지 않아서이기 때문이라고 했다. 아름다움을 추구하는 예술가로서 할 수 있는 가장 아름다운 표현 중의 하나인 것 같다. 그는 프랑코 독재 정권이 들어서자 그에 대한 항의의 표시로 피레네 산맥의 작은 마을 프라도에 은거하며 공식적인 연주 활동을 중단하기도 했다.

루키즘이든 예술이든 결국 아름다움을 추구한다는 것은 완전한 조화에 대한 갈구 아닐까. 다시 말해 그것은 인간의 불완전성이라는 원초적 공포를 떨쳐내기 위한 처절한 자학 행위이며, 그 행위 속에는 신에 대한 경배와 신에 대한 말할 수 없는 콤플렉스가 교차하며 갈등하고 있다. 계속 생각하다 보니 뭔 말인지 모를 이상한 말을 지껄이는 지경까지 이르렀다. 그런 식으로 생각을 너무 많이 하는 것은 건강에 좋지 않다는 생각을 하며 잠시 생각을 멈췄다.

누가 더 예뻐요?

순수라는 말로 하든 상업이란 말로 하든 일상이란 말로 하든 미적 행위는 인간의 조건이며 광고 또한 그중 하나의 양식으로서 자기 규범을 가진다. 내가 만든 규범은 이런 것인데, 이건 순전히 내가 나를 위해 가지는 규범임을 밝힌다. 쉽게 말하면 이런 기준에 맞는 광고를 아름다운 광고로 본다는 말이다.

1. 요소들의 적절성 2. 요소들의 조화성 3. 요소들의 참신성 4. 요소들의 완벽성 5. 한 번 더 보고 싶은가. 여기서 요소들이란 표현물을 구성하는 모든 재료다. (모델, 의상, 소품, 조명, 미장센, 레이아웃, 사운드, 타이포, 텍스쳐 등 열거할 수 없을 정도로 많다). 이런 다섯 가지 기준은 내가 어떤 광고물의 미적 완성도를 평가하는 데 나름대로 중요한 구실을 한다. 특히 화장품 광고를 할 때는 늘 이런 일들과 씨름한다. 그리고 그중에 가장 중요한 요소 중의 하나는 역시 모델이다.

우리나라에서 화장품 모델이 된다는 것은 쉬운 것 같기도 하고 어려운 것 같기도 하다. 스타에다가 예쁘기만 하면 될 것 같지만, 여자들의 여론 재판을 이겨 내야 하는 어려움도 있다. (외국의 경우 화장품 모델로서 기본적인 조건, 스킨 혹은 스킨 톤이라든가 브랜드가 추구하는 사상과의 일치 등이 중요하지만, 우리나라에서는 여전히 지명도와 스타성에 의존하는 편이다.)

사실 나는 화장품 광고를 꽤 많이 만들었는데, 그러다 보니 주변 사람들에게 자연히 '누가 제일 예뻤어요?'라는 질문을 많이 받는다. '나 참, 어떻게 보면 제대로 얘기해본 모델도 없는데 사람들의 관심은 늘 모델이고 스캔들이지...' 씁쓸하지만 어쩌나, 그만큼 일반 사람들에게 광고는 모델인 것을. "누구와 누구 중에 누가 더 예뻐요?" 여자들의 질문은 비교일 때가 많다. 그리고 대체적으로 여자들은 웬만한 여자모델은 잘 인정하지 않으려고 한다. 그래서 여자들이 인정하는 모델을 고르는 것은 쉽지 않다. 어떨 때는 도통 인정하려 들지 않다가도(이럴 때는 어디서 어떻게 찾았는지 신기한 트집도 잘 찾아 들이댄다. 코가 어떻다는 둥, 고등학교 때 어땠다는 둥) 일단 모델이 되면-거들떠도 안 볼 줄 알았는데-그녀를 향한 관심의 촉수는 더욱 날카로워 지기도 한다. 여자 속은 알다가도 모를 일이다.

한번은 모델을 캐스팅하러 광고주와 파리에 간 적이 있다. I 브랜드는 계속 외국인을 모델로 써왔는데 갑작스런 하차로 새로운 모델 캐스팅을 해야 했고, 나와 광고주는 파리로 급히 날아가야 했다. 갑작스런 출장이라 부담스러웠지만 한편으로는 흥미롭기도 했다.
왜냐하면 촬영 때문에 나가는 것은 부지기수지만(촬영은 늘 시간에 쫓기고 고되다.) 모델만 캐스팅하러 나가는 것은 예외였고 비교적 촬영보다는 여유로울 수 있었다.
사전에 우리는 보그나 엘르 같은 유명 잡지를 서치하며 눈에 띄는 모델들의 리스트를 미리 파리의 에이전시로 보냈다. 그리고 나와 광고주 두 사람은 파리로 가서 3일 동안 모델 오디션을 보는 일정이었다. 사람들은 부러움의 눈으로 우리를 보았다. 그도 그럴 것이 3일 내내 하는 일이 유럽의 미녀란 미녀는 다 보면서 가장 예쁜 미녀를 골라오는 것이니 단순히 생각하면 참으로 행복한 출장이었다.
우리는 파리의 한 호텔에 베이스캠프를 차리고 미팅 룸에서 모델 오디션을 보기 시작했다. 기다란 테이블을 앞에 두고 차례로 들어오는 미녀들을 보고 있자니, 멀리서 보면 우리가 무슨 중동의 석유 재벌쯤으로 보였을 것 같다. 어쨌든 유럽의 여러 나라에서 활동하고 있는 모델들을 직접 체크해 볼 기회였고, 우리는 포트폴리오를 점검하며 몇 가지 연기 주문과 포즈 등에 대한 테스트를 했다.

그런데 사실 우리가 원하는 모델은 첫날 눈에 들어왔다. 거의 만장일치를 받았던 그녀의 이름은 엠마였다. 크로아티아계 엄마와 영국계 아빠 사이에서 태어난, 동양적 미가 물씬 풍기는 아름다운(아름답다는 말이 아주 잘 어울렸다.) 여자였다. 그래서인지 일본에서의 모델 활동 경력이 있기도 했다. 나머지 이틀 동안 엠마 만큼의 인상을 주는 친구는 나타나지 않았다. 결국 우리는 예상대로 엠마와 계약을 하고 다시 한국으로 돌아왔다. 이런 출장은 다신 없겠다는 생각을 하며.(사진 1)

이후 엠마는 우리와 많은 광고를 찍었다. 나중에는 한국에서 다른 브랜드 모델로도 꽤 많은 활동을 하기도 했다. 그런데 고백할 사실 하나는, 한국에서부터 우리가 마음에 두고 있던 모델은 다른 친구였다는 것이다. 하지만 불행하게도 그녀는, 우리가 잡지에서 본 그녀가 맞나 싶을 정도로 다른 사람의 모습이었다. (물론 갑작스럽게 엠마가 급부상해서이기도 하다.) 대체로 이런 경우는 우리나라에서도 매우 흔한데(모델들은 메이크업과 스타일링에 따라 변신의 폭이 매우 크다.), 이번 경우는 정말 깜짝 놀랄 정도였다. 대체로 서양 친구들의 변화 폭이 훨씬 커서 계속 놀랐는데, 그녀들의 화장술이 발전한 이유를 알 수 있을 것 같았다. 여자는 속도 속이지만, 겉도 알다가도 모를 일이다.

사실 숱한 촬영 중에 화장품 촬영처럼 재미없는 촬영도 드물다. 화장품 촬영은 그녀들의 가장 아름다운 한 장면을 건지기 위한 사투와도 같다. 밑도 끝도 없이 여자의 얼굴을 빚는 것에 몰두하는 조각가와 비슷하다. 스토리보다는 미美자체에 대한 추구가 많기 때문이다. 이런 일의 연속은 그 속에 푹 빠져들게 하는 묘한 매력이 있기도 하지만, 가끔 뭐하는 짓인가 싶은 권태감이 심하게 들기도 한다. 그래서인지 화장품 광고 시절을 반추할 때면, 문득 떠오르는 광고가 하나 있는데, 평범한 화장품 광고가 아니어서 그렇기도 하고, 어쩌면 아무도 기억하지 않는 모델, 아니 기억할 수 없는 모델이어서기도 하다.

출발은 좋았다. 정통 화장품이라기 보다 조금은 외곽 쪽의 제품이라 흥미도 더했던 것 같고. 염모제였는데, 이 염모제라는 것이 기본적으로 머리칼을 상하게 만드는 성분들이 많아 사용자 입장에선 조금 꺼려지는 것이 사실이다. 그래도 멋을 위해서라면 어쩌랴. 많은 여성들이 눈물을 머금고 염모제를 사용하던 시절, 자연 성분으로 머리칼을 상하지 않게 해주는 제품이 나왔으니 참으로 반가운 뉴스가 아닐 수 없었다. 늘 예쁜 척하는 모델들-사실 조금 지긋지긋하기도 하고-이 안 나왔으면 하는 바람으로 생각해낸 아이디어였는데 광고주가 덜컥 집어버렸다.

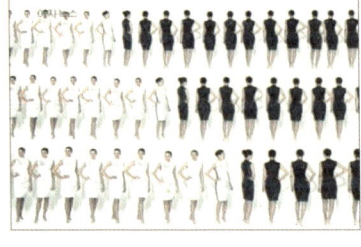 

  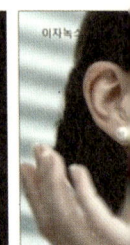

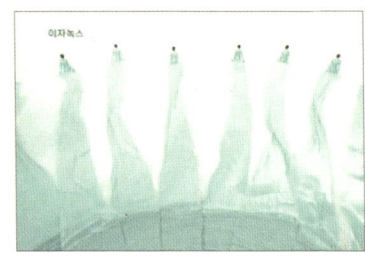 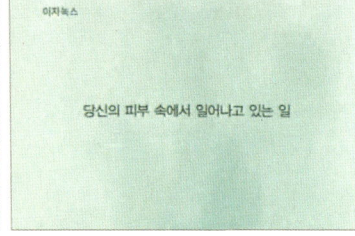 

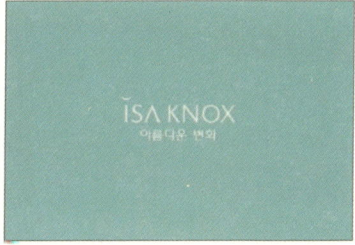
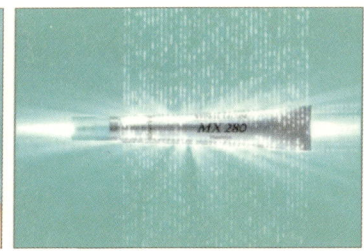

▲ 사진 1 | 이자녹스 캠페인

바람에 풍경 소리만 들리는 어느 고요한 절간 마루. 두 여자가 차를 사이에 두고 마주보며 앉아있다. 한 사람은 비구니이고 한 사람은 도시에서 내려온 여자인 듯 세련된 용모가 눈길을 끈다. 그런데 뭔가 고민이 있는 듯, 수심이 가득한 여자를 향해 비구니가 정적을 깨며 말을 건넨다. "머리가 상하면 마음도 상하는 법입니다." 여자, 깨달음을 얻었다는 듯 고개를 끄덕이며 차를 입에 갖다 댄다. 그리고는 우리의 자연성분 염모제 등장.

아주 오래돼서 기억이 가물가물하지만 대략의 스토리가 이랬던 것 같다. 아무래도 신선한 충격을 원했던 광고주로서는 용기를 내서 집었을 테고, 나 역시 이 아이디어가 팔리기를 강력하게 원했다. 일단 재미있는 시도였으니까. 그런데 실제로 촬영에 들어가려 하니 비구니 역이 문제가 됐다. 어떤 젊은 처자가 머리를 하얗게 밀어버리고 싶겠는가. 이리저리 수소문 끝에 어렵사리 신인 모델을 찾았고, ㅊ 감독과 나는 그녀의 용기 있는 결정만을 기다렸다.

연기에 대한 열정이 컸던 그녀는 며칠을 고민하더니, 결국 우리의 캐스팅을 수락했다. (그녀는 모 유명 배우의 여동생이기도 했다.) 꽃다운 처자의 머리를 파르라니 밀어버리자니 가슴이 아프기도 했지만, 한편으로 우리는 안도의 한숨과 함께 그녀의 프로정신에 경의를 표할 따름이었다.

어느 봄날, 마침내 전라도 어느 절에서 필름이 돌아가기 시작했다. 그리고 박수와 함께 촬영도 무사히 마무리되었다. 그렇게 모든 일이 순풍에 돛 단 듯이 흘러가나 싶었다.

하지만 광고주 시사를 하면서 조금씩들 표정이 안 좋아지기 시작했다. 먼저 엄모제를 사용한 머리색이 자연스럽지 않다는 지적이 나왔다. 우리는 부랴부랴 머리색을 자연스럽게 바꾸는 데 밤낮을 마다 않고 혼신의 힘(?)을 기울였다. 그것도 몇 번씩이나-사실 헤어 CG는 노고가 많이 드는 작업 중의 하나다.

그렇게 첫 번째 산을 넘어 고지로 향해 가던 어느 날, 우리를 패닉에 빠뜨리는 일이 벌어지고 말았다. 사업부장님이 말하길, 이 제품은 아직 광고할 제품이 아니라는 것이었다. 아니 이런 황당한 경우가… 내부 사정을 모르니 뭐라 말할 수는 없지만, 이게 어떻게 만든 광고인데. 모든 광고가 제작자 입장에서는 눈물 없이 볼 수 없을 만큼 힘들지만, 그래도 인내하는 건 그 광고가 전파를 타고 대중들을 웃기고 울리고 놀래주는 그날이 있기 때문이다. 그런데 모든 일이 갑자기 없었던 일이 돼버렸다. 그럼 그 처자는 어떻게 되지. 그녀에게 뭐라고 말해야 하지. 우리도 우리지만 그녀에게 못할 짓 한 것 같아 모든 사람들이 전전긍긍했다. "광고 만들다 보면 흔히 있는 일 입니다. 맘 쓰지 마세요. 허허허" 이러면 되는 건가. 아니면 더 크게 웃어야 하나. 우리는 의사결정이 번복되기를 바랐으나 난감해하는 실무자의 얼굴에 고개를 수그리고 회의실을 빠져나왔다. 그렇게 그녀의 도전기는 끝났고, 그 광고는 결국 세상에 나오지 못했다.

예술은 길고 인생은 짧다. 그리고 젊음은 더 짧다. 그리고 여자의 젊음은 더 짧다. 갑자기 언젠가 썼던 화장품 카피가 스쳐 간다.

9장. 운명의 힘

카피 속에는 마음과 싸움이 들어 있어야 한다.
마음을 움직이는 글이지만
어떤 싸움을 하고 있는지가 보이는(혹은 감춰져 있는) 글이어야 한다.

9장.
운명의 힘

카피 좀 쓰세요?

카피를 쓰는 일은 웃으면서 들어왔다가 울면서 나가기 쉬운 직업이다. 나 역시 만만해 보여 입문했다가 곤욕을 치른 적이 한두 번이 아니다. 대학 학보사 시절 수없이 했던 기사 쓰고 헤드라인 뽑는 일 정도로 생각하고 덤볐는데, 아뿔싸! 사수한테 툭하면 혼나기 일쑤였다.

사실 나는 처음에 미디어파트로 입사했다. 하지만 적성에 맞지 않아 회사를 그만두려다 눈에 띈 것이 카피라이터였다. 저런 일이라면 능히 해낼 것 같았고-그때 자만심은 극에 달해 저런 것이 카피라면 왼손으로도 쓸 수 있어보였다-무엇보다 비교적 자유로운 출퇴근과 자유로운 복장, 글만 몇 줄 써내면 월급이 나오는, '세상에 이렇게 날로 먹을 수 있는 직업이 있다니'가 나의 빈곤한 생각이었다.

허나 세상에 그런 일이 어디 있겠는가. 결국은 담당 임원의 이직-말이 이직이지 속마음은 퇴직이었으리라-권유까지 받게 되고, 진급은 동기들 중에 제일 늦고, 한숨과 좌절의 나날이었다. 마음이 붕 떠 있으니 일도 손에 잡히지 않던 차에, 출판사를 차려볼 궁리까지 해보았다. (실제로 우리는 출판사 설립을 목적으로 허구한 날 신촌 모 카페에 모여 빈둥댔었다.)

그러다 일본 덴쓰라는 광고 회사에 일주일 연수를 다녀오게 되었고, 그 짧은 시간에 벼락 같은 생각들이 머리를 감전시켰다. 흔히 말하는 동기부여라면 동기부여였고 운명이라면 운명이었다. 당시 우리나라엔 CD라는 직업도 제대로 없었던 시절이라, 일본 CD들의 생각과 경험을 듣는다는 것은 나에게 놀라운 충격이었다. 하나같이 깊은 생각과 철학으로 무장된 그들의 작품은 내 눈에 불을 붙였고 나의 안일하고 무책임한 나날에 깊은 성찰을 가져오게 했다. 누구나 한 번쯤은 인생에 이런 벼락을 맞는 법이다. 한번도 의지적 인간이 돼본 적 없는 사람이 처음으로 광고를 진지한 대상으로 들여다보기 시작했다.

원점에 다시 섰고, 광고와 카피에 관한 것이면 무자비할 정도로 탐독했다. 그렇게 공부를 했으면 부모님 소원인 서울대학도 능히 들어갔을 텐데. 그래도 어쩌랴, 사람도 연분이 있듯, 일도 연분이 있거늘. 나는 기본적으로 자기 방식으로 이해하길 좋아한다. 세상에 나와 있는 일반적인 방식보다는 내 식으로 공부하고 내 식으로 깨닫길 원한다. 늦더라도 그게 더 편하다.

그렇기 때문에 오히려 많은 사람의 이야기를 듣거나 보는 것이 도움되며, 여러 분야들을 넘나들며 시행착오를 겪는다. 세상의 모든 것이 나를 양육한다. 카피라이팅도 그렇게 배웠다.

▲ 사진 1 | 바낙스 광고
광고를 하다보면 다른 사람들에겐 대수롭지 않은 광고이지만 본인은 절대로 잊을 수 없는 광고가 한 둘 있다.

그렇게 카피라이터로서의 나는 덴쓰연수 이후에 다시 태어났다. 깐깐하고 엄격했던 그리고 이직까지 제안했던 나의 사수(당시 ㅈ 상무는 사수라고 하기엔 높은 직위였음에도 가장 많은 가르침으로 나의 눈을 열어준 분이라 나에게는 평생 은사라 하겠다. 그 분은 순간의 선택이 10년을 좌우합니다, 라는 카피를 쓰기도 했다.)의 입에서 6년 만에 처음으로 좋은 카피라는 칭찬의 말도 나왔다. 어쩌면 내가 그렇게 기억하고 싶은 건지 모르겠지만, 바낙스라는 레포츠 브랜드의 론칭 광고를 했을 때였다. 헤드라인이 '바낙스의 어머니는 자연입니다. 바낙스의 아버지는 과학입니다'였는데 유명 브랜드도 아니고 전문지에 그냥 한두 번 나간 광고라 기억하는 사람도 없겠지만, 나로서는 처음 받은 칭찬이라 특별한 기억으로 남아 있다.(사진 1)

마음 그리고 싸움

카피와 글은 다르다. 그것이 맨 처음 바보가 되는 이유다. 잘 쓴 글과 잘 쓴 카피는 다르기 때문이다. 문예창작이나 문학을 전공한 이들이 자주 좌절하는 이유다. 사람의 마음을 움직여야 한다는 목적은 같지만 심보가 다르기 때문이다. '좋은 글이었어'에서 멈추는 것이 아니라 의도된 동선대로 움직이게 해야 한다. 어떨 때는 즉각적인 판매로 이어져야 하기도 하고, 때로는 어떤 특정한 이미지를 만들어야 할 때도 있다.

그러기 위해선 이기심을 건드려야 할 때도 있고 자존심을 건드려야 할 때도 있고 두려움을 건드려야 할 때도 있다. 눈물에 호소해야 할 때도 있고 웃음에 호소해야 할 때도 있고, 가슴에 편지를 써야 할 때도 있고 머리에 편지를 써야 할 때도 있다. 경쟁사를 열 받게 만들어 싸움의 판을 유리하게 만들어야 할 때도 있고, 프레임 싸움을 통해 판을 이동시켜야 할 때도 있다. 모든 것이 설정한 목표를 달성하기 위함이다. 정답은 없다. 오히려 최고의 논리는 상황 논리다.

그래서 카피 속에는 마음과 싸움이 들어 있어야 한다. 마음을 움직이는 글이지만 어떤 싸움을 하고 있는지가 보이는(혹은 감춰져 있는) 글이어야 한다. 이 지당한 말을 이해하고 제대로 쓰기까지 꽤나 긴 시간이 걸리더라는 것이다. 아니 사실은 여전히 깨달아가고 있는 중이다. 이처럼 무슨 일 하나를 제대로 하려면 참으로 긴 노력이 필요하니 어느 직업인들 구도의 길이 아닐 수 있겠는가. 작든 크든 직업에서의 깨달음은 삶을 걸어가는 데도 많은 가르침을 준다.

나는 얼마나 많은 카피를 썼을까? 그 카피들 중에 어떤 카피는 빛을 보기도 했지만 어떤 카피는 구실도 못한 채 휴지통으로 버려지기도 했다. 처음으로 내가 쓴 카피가 대중 매체에 실렸을 땐 신기하기도 하고 뿌듯하기도 했는데 1, 2년 후에 그 카피를 다시 보면 낯 뜨거워질 때도 많았다. 아니 어떻게 내가 이런 카피를 좋다고 우겼지. 그 사람들은 얼마나 나를 한심하게 생각했을까. 그때 옆에서 좋다고 같이 부화뇌동했던 사람들은 도대체 뭐야? 별생각이 다 든다. 그럴 때 나는 언제쯤 다시 꺼내봐도 떳떳한 카피를 쓸 수 있을까를 고민했다.

반대로 좋은 카피인데 옥석을 볼 줄 모르는 눈 때문에 혹은 아쉽지만 상황적으로 꼬여 빛을 보지 못하는 경우도 많이 겪었다. 그래도 나의 생각이 카피가 되고 그 카피의 힘이 광고의 대장이 되어 호령하는 순간만큼 엔도르핀이 솟아나는 순간은 없는 것 같다.

데이비드 오길비David Ogilvy는 말년에 영혼 없는 카피가 범람하고 있다며 한숨을 내쉬었다. 요즘엔 카피를 카피하는 경우도 비일비재하다. 언어의 힘이 약해져서일까. 많이 하는 이야기지만 신문이나 잡지 같은 인쇄 광고의 시대가 저물고 영상의 시대가 오면서 문자보다는 비주얼이 우선인 시대가 왔다고 한다. (비디오 킬드 라디오 스타처럼.) 하지만 이 말은 맞는 말이기도 하고 틀린 말이기도 하다. 오히려 역현상이 일어나고 있기 때문이다. 영국의 CD, 래리 바커의 진단은 의미있다.

전 글의 힘을 믿습니다. 그 엄청난 파워를요. 제 생각엔 아트디렉터들의 시대가 너무 길지 않았나 생각됩니다. 물론 그들의 잘못은 아니지만요. 이 업계가 글이라면 길고 그래서 그 긴 글을 누가 읽겠어, 라는 믿음을 가지고 있었기 때문이죠. 그건 사실이기도 하지만 이제 인터넷이 상황을 바꾸고 있습니다. 이메일 때문에 편지글의 아름다움이 살아나고 있잖아요. 21세기에 사람들이 편지를 쓰리라고 누가 상상했겠어요. 실제로 20년 전만 해도 편지 쓰는 사람은 거의 없었잖아요. 지금은 아마 보통 사람들이 하루에 백 여자 정도의 편지를 세 번 정도는 부칠 겁니다. 그것도 버튼만 누르면 되잖아요. 인터넷 때문에 글이 살아나고 있습니다. 문자 기반의 매체가 탄생한 것이지요.

이메일을 비롯한 SNS의 발달로 그나마 편지 쓰기를 종용하게 된 건 독방에 갇혀 사는 인간들을 양산해내는 소통 불능의 시대에 그나마 고마운 일이다. 문장력의 진보라는 덤까지 얻어가며 진지한 얘기,

구차한 얘기, 내밀한 얘기, 시시껄렁한 얘기, 눈물 나는 얘기, 달콤한 얘기들이 시시각각으로 전달되는 걸 보면 오히려 텍스트 시대의 재림이라 할 수 있지 않을까.

그렇기 때문에 요즘 아이들을 글과는 거리가 먼 영상 세대로 몰아붙이는 건 지나친 구시대적 사고방식이라는 생각이 든다. 21세기에 아이들이 이렇게 많은 편지들을 주고받으리라고는 아마 아무도 상상하지 못했을 것이기 때문이다. 그들은 영상도 좋아하지만 글쓰기도 좋아하고 글 읽기도 좋아한다. 단, 인스턴트적 글들이 대부분이라 아쉽다. 그래서 그들이 인문학적 소양까지 갖추도록 사회가 기능한다면 더 바랄 나위 없겠지만 말이다.

하지만 그것은 테크놀로지의 탓이 아니라 순전히 철학 없는 교육과 사회 탓이다. 어쨌든 글을 즐기는 그들에게 '보는 광고' 하나만으로는 어쩐지 섭섭하다. 잘나가는 모델 몇몇에 의존해 아이들의 넋 나간 비명을 양산해내는 건 얄팍한 상술 이전에 상상력의 결핍이라고밖에 볼 수 없기 때문이다. 상상력은 애정에서 출발한다. 누군가를 진정으로 사랑할 때 그들을 행복하게 해줄 아이디어들이 떠오르고 자라난다. 매일매일 편지를 쓰고 편지를 읽는 그들을 행복하게 해줄 수 있는 방법은 그들에게 어떤 번지르르한 그림을 보여줄까 혹은 어떤 모델을 써서 혼을 빼 볼까보다 조용하지만 진심 어린, 수수하지만 따뜻한 일상의 편지를 보내는 것이다. 그건 그들이 얼빠진 영상 세대가 아니라 텍스트를 소화하고 활자 메시지를 다루는 데도 능란한 사람들이기 때문이다.

카피라이터들은 여전히 긴장해야 한다. 언어는 인간이 발명한 가장 위대한 발명품이다.

오늘 밤 그들에게 보내고 싶은 시가 하나 생각난다.

밤늦게
시집을 읽습니다.
요즘 읽은 시집 중에
마음에 남는 시집
하나도 없습니다.
그래도 새벽 두 시
새벽 세 시
마지막 새벽 별
스러질 때까지
시집을 읽습니다.
그렇게 밤을 새운 아침
문득 창 앞에 서면
세상이 온통 은빛의 축제입니다.

산에
들에
강에
흰 옷 입은 *母國語*들
천천히 춤추며 내려옵니다.

세상에 쓸 만한 시집
따로 있습니다.
　-곽재구, 겨울 시집

야생남녀

광고 회사에 다니면서 제일 보기 싫은 것 중 하나가 광고 회사가 혹은 광고를 하는 사람이 주인공으로 나오는 TV 드라마 같은 것들이다. 극적 완성도를 떠나서 광고 회사에 대한 어떤 선입견이 있는 것이 아닌가 싶다. 일단 화려하고 멋있다. 낮에는 스토리보드 같은 걸 들고 왔다 갔다 하다가 밤에는 럭셔리한 바에서 위스키 잔을 들고 아이디어를 고민한다. 온몸이 화끈해지며 채널을 급히 돌리게 되는 순간이다. 몇 회사 안다녀봤지만 이런 광고 회사는 없다.

예전에 어느 외국 칼럼에서-영국이었던 걸로 기억하는데-왜 좋은 여성 인력들이 광고 회사를 기피하는가에 대한 화두로 논의하는 글을 읽었던 적이 있다. 결론부터 말하자면 의례히 전통이 돼온 업무환경의 열악함 때문이었다. 요즘에 어느 여자가-그것도 그녀가 뛰어난 재능과 스펙을 가진 여자라면-몇 년을 변변한 여가도 없이 마룻바닥에서 먹고 자는 초년병 시절을 겪겠는가. 광고 회사는 대체로 도제식으로 움직이는 일이 많기 때문에 조수 시절은 야생남녀가 됨이 마땅한 전통으로 이어져왔다는 것이다. 광고판은 우리나라만 그런 줄 알았는데 광고 선진국들도 이런 고민을 이야기하다니, 어떻게 보면 우리나라가 좀 더 나은 것 같다며 위안했던 적이 있다.

확실히 요즘 업무환경은 드라마보다도 나을지 모르지만(인테리어 면에서), 업무 강도는 올해가 몇 년도인지도 모를 정도로 세다. 그래서 광고 회사 몇 년이면 친구도 사라진다는 말이 있을 정도다. 어느 날 한 직원의 부모님은 날 붙잡고 하소연을 하기도 했다. "정말 궁금해서 그러는데, 나도 회사생활 해봤지만, 어떻게 매일 그렇게 바쁠 수 있지요? 매일 열 두 시에요, 매일." 물론 매일은 아니겠지만, 딸 가진 부모 입장에서 해도 너무하다는 뜻일 게다. "가끔 술도 먹겠지요. 어제도 일찍 들어가라 그랬는데…" 애써 웃으며 그 자리를 빨리 피해야겠다는 생각뿐이었다.

실제로 이런 문제는 참 설명하기 어렵다. 광고 회사는 한마디로 아이디어로 먹고사는 회사다. 그 아이디어가 시간 비례로 나오는 것도 아니고, 아이디어가 나왔다고 해서 그게 최선이냐고 묻는다면, 물론 더 좋은 게 있을 수도 있다. 그저 끝까지 정신줄 놓지 않고 파고 또 파는 길뿐이다. 그러다 보면 특별히 끝나는 시간이 있기 어렵다. 어떨 때는 광고 회사가 할 필요도 없는 영역까지 떠안고 야근을 사서하는 경우도 있다.

일이 놀이다

광고주 쪽의 인사이동은 광고 회사로서는 아주 중요한 뉴스다. 그 해, 화장품팀을 맡을 새로운 임원이 온다는 소식은 급속도로 퍼졌다. 그것도 여성 임원이라-당시만 해도 여성 임원은 희소했는데-수군대는 소리가 평소보다 컸다. 막상 만나보니 시원시원한 성격의 ㅅ 상무는 늘 새로운 모험을 즐겼다. 그건 광고 회사에게는 스트레스이자 행운이다.

어느 날, ㅅ 상무와 이야기를 나누다 이런 제안을 했다. "제품이 나오면 광고 회사 불러서 광고하는, 허구한 날 하는 그런 방식 말고, 한

번 거꾸로 해보시지요."제품을 받아 들고 광고를 할 때쯤이면, 이미 모든 것이 결정 나 있다는 게 나로서는 늘 불만 아닌 불만이었다. 무슨 말이냐 하면, 제품 디자인이 왜 이런 거야, 재질을 바꿀 수는 없나, 색깔이 블랙이면 더 좋을 텐데, 이름이라도 바꿨으면… 이런 여러 의견은 허공의 메아리가 되고, 그야말로 그냥 닥광(닥치고 광고)의 입장만 가질 뿐이었다. 가끔은 볼멘소리로, "웬만해야지. 이건 팔불출을 낳아놓고 서울대 집어넣어 달라는 소리지, 나 참." 투덜투덜 대지만 이내 우문현답에 골몰해야 한다.

그러다 아예 광고하기 좋은 제품을 우리가 만들면 안 되겠느냐는 생각을 했다. 이런 제품이 있다면 정말 재미있는 광고를 만들 수 있을 텐데, 라는 생각으로 상품개발을 해보자는 말이었다. 그렇다면 훨씬 더 대중에게 어필할 수 있지 않을까-제품도 광고도-라는 생각을 ㅅ 상무에게 이야기했다.

그러던 어느 날, ㅅ 상무에게 전화가 왔다. 내가 제안한 방법을 써보자고 했다. 우리도 한방韓方화장품을 하나 만들어야겠으니, 제품부터 광고까지 다 만들어와보라는 얘기였다. 아이고 이걸 어쩌나, 말이 씨가 되었다. 재미있기는 하겠지만 막상 시작하려니 덜컥 겁이 나기도 했다. 짐짓 태연한 척, 미션을 받아 들고 회사로 돌아왔다. 팀원들도 당황한 기색이 역력했다. 다들 '아니 바빠 죽겠는데, 왜 그런 것까지 우리가 해야 하지' 하는 눈치였다. 이해는 하지만 어쩌랴. 궁하면 통한다 했거늘, 뜻이 있는 곳에 길이 있는 법. 이럴 땐 그냥 내 방식대로 밀고 나가는 게 상책이다.

대체로 나는 제품이나 브랜드의 광고를 할 때 그 제품과 브랜드가 가진 감정에 주목한다. 아니 그것들이 주는 감정을 느끼길 좋아한다. 가만히 보고 있거나 눈을 감으면 그것들이 가진 이미지가 떠오른다. 당시 경쟁 제품은 막강한 시장지배력을 보유한 S 브랜드로, 여자들 사이에서 인기가 상당했다.

그런데 난 S를 보면 마치 정경부인 같은, 그것도 아주 고상하고 단아한 그런 이미지가 떠올랐다. 슬쩍슬쩍 문틈 사이로 한 치의 흐트러짐도 없이 곱게 머리를 빗어 넘기는 모습이 보였다. 그렇게 머릿속에서 온갖 잡다한 이미지들이 불규칙적으로 충돌하는 사이 시간은 여지없이 흘러갔다. 그렇다고 시장분석이나 자료조사에서 어떤 의미 있는 영감도 받지 못했는데, 벼락은 어느 날 이상한 곳에서 내리쳤다.

점심을 먹으러 간 그 식당의 메뉴판을 들여다보다 '궁중전골' 네 글자에서 갑자기 엔도르핀이 솟구쳤다. 궁중전골이라. 그렇다면 궁중에서 쓰는 화장품도 있지 않을까. 아니 S가 정경부인이라면 우리는 왕비로 하면 되지 않을까. (그것도 S와 대척점에 서려면 아주 화려하고 카리스마 넘치는.) 그리고 왕비야 말로 자신의 미모를 위해 갖은 비법을 다 써보지 않았겠는가. 하나의 생각이 탄생하면 수많은 이미지의 지원이 몰려온다. 그리고 그 생각을 키워 궁중한방이라는 한방화장품의 새로운 개념을 만들어냈다. 만들고 나니 이거 되겠다 싶었다. 수없이 나온 브랜드 이름 후보 중에서 비(妃)라는 이름을 간택(?)하고, 잡지 광고 시안도 만들었다.

자신만만한 결과물을 들고 광고주로 들어갈 때의 발걸음은 유난히

가볍다. 프레젠테이션을 하면서 S 상무를 보니 간간히 미소를 보이는 것이 역시 맘에 드는 눈치였다. 끝나자마자 망설임이 없었다. 시원시원한 성격대로 바로 상품개발팀에 제품을 만들 것을 지시했다. 왕비의 미모 관리 비법에 대한 조사도 들어가는 등, 구체적인 제품개발에 착수했다. 우리는 우리대로 광고 작업에 들어갔고, 얼마 있어 첫 제품이 탄생했다. 마침내 후后라는 화장품이 탄생하는 순간이었다. (당시 조사 결과 비妃는 이미 상표등록이 되어 있어 중간에 후后로 바뀌게 되었다.)

출발 당시 후后는 광고 예산이 많지도 않아 한 페이지짜리 잡지 광고 정도 할 뿐이었다. 하지만 우리의 욕심은 대단했다. 다른 제품과 달리 이건 어떻게 보면 자식-낳기도 하고 기르기도 한-과도 같은 녀석이 아닌가. 기존과는 다른 방법의 아트워크를 만들고 싶었고, 화려한 카리스마를 표현하기 위해 모델의 얼굴보다는 오히려 치마폭의 위용을 극대화 시켰다. 그동안 화장품 광고에서 볼 수 없었던 새로운 광고 스타일이었다.(사진 2)

그렇게 후后가 세상에 첫발을 내디뎠다. 어떻게 보면 광고 회사가 할 필요 없는 일을 하다가 겪은 경험인데, 이러면서 바쁘다는 얘기를 하니 다른 분야 사람들로서는 이해하기 어려울 수도 있겠구나 싶은 생각도 든다. (아니 멍청해 보일지도 모르겠다.) 어쨌든 광고 회사는 놀기 위해 일하는 곳이 아니라, 일 자체가 그냥 놀이라고 생각해야 마음 편하다.

지금은 ㅅ 상무를 비롯해 많은 사람이 떠났지만 가끔 누군가는 농담 삼아 나를 후后의 아버지라고 부르기도 한다. 싫지 않은 농담이다. 사서 고생했지만 지금도 후后의 성공을 보면 남다른 보람을 느낀다. 그것은 광고 캠페인의 성공과는 다른 희열이다. 그리고 그것은 요즘 내가 관심을 쏟고 있는 일의 기초가 되기도 했다.

미지未知는 사람을 움직이는 힘이다

와이즈벨 시절 난 광고 회사의 새로운 패러다임에 대해 생각하다 후배(그 친구는 신제품 아이디어를 제안하는 회사를 운영 했다.)와 함께 제품과 광고를 동시에 만드는-후后의 경우처럼-광고 회사를 구상했던 적이 있다. 그런데 서로 진담 반 농담 반 주고받다, 서로의 사업이 바빠 흐지부지 됐는데, 그때 이루지 못한 생각을 현실화시킬 기회가 찾아왔다.

ㄱ 사장과 점심을 먹던 어느 날, 이런저런 이야기를 하다 놀랍게도 ㄱ 사장도 비슷한 생각을 하고 있었고, 그렇다면 내친 김에 이 새로운 비즈니스에 도전해보자는 제안을 받았다. 이런 재미있는 작업은 뒤도 안 보고 해야 하는 것이다. 그것은 성공과 실패의 문제가 아니라 꿈의 문제이기 때문이다. 난 이 새로운 비즈니스 모델의 이름을 Over The Rainbow로 지었다. 오즈의 마법사에 나오는 그 유명한 노래를 흥얼거리다-어떤 날 왜 그런지 계속 입에서 맴도는 노래가 있다- 갑자기 이거다 싶어서 휴대폰 컬러링도 당장 바꿔버리고 Over The Rainbow를 우리 새 조직의 이름으로 가져왔다.

The history of 후

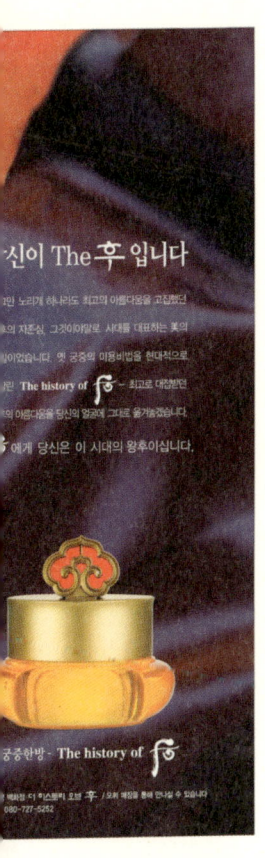

◀▼ 사진 2 | 후 광고

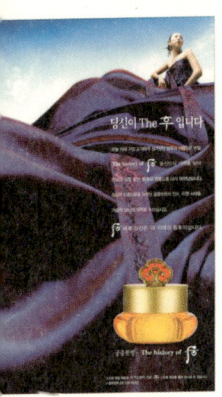

OTR(Over The Rainbow)는 사실 지금까지 합목적적이라 생각됐던 많은 관행들과 싸워야 하는 조직이다. 제품개발에서 광고에 이르기까지 '이것이 질서다'라고 생각했던 기존의 과정들을 뒤집어야 하고 분업화된 조직을 통섭적 조직으로 바꾸고 발상의 방법을 바꿔야 한다. 내가 와이즈벨을 처음 시작할 때 명함 뒤에 이런 글을 박아 넣었다. '맨 처음 떨어지는 물방울이 제일 용감하다.' 스웨덴 어느 시인의 시구였는데 용감한 아이디어를 많이 내자는 다짐이었다. 하지만 어쩌면 오즈의 마법사의 사자처럼 소심한 나에게 필요한 건, 용기가 아닐까하는 생각이 마음속에 있었던 것 같다.

또다시 용기가 필요한 시절이 온 것이다. (이럴 때 가끔 나의 생각은 '내가 하면 될 수밖에 없어', 와 같은 근거 없는 자신감과 아니면 '그냥 따분하게 가는 것보다는 재밌잖아', 와 같은 무책임한 긍정이 공존한다). OTR은 이상향을 향해 가는 혁명가(?)들의 집단이다. 말 그대로 어딘가에 있을지 모를 이상향을 바라보며 이제 Advertising(광고)의 시대가 아니라 Productising(Product와 Advertising을 합해서 만들어봤는데 뜻은 '광고적 상상력으로 신제품을 만들고 광고까지 하는' 정도로 보면 된다.)의 시대라고 주장한다. OTR의 여정은 이제 막 시작되었다. 사람들은 미지를 두려워하지만 미지가 없다면 또한 무슨 재미로 살겠는가.

'무지개 너머'는 인간을 움직이는 또 하나의 힘이다.

P.S.

나는 OTR을 만들면서 OTR 설명 책자를 하나 만들었다.

다음은 그중에 무지개 너머로 함께 여행할 여행자를 구하는 글인데, 지금은 많은 분들이 새로운 프로젝트를 함께하고 있다.

Travlers Wanted.
- 사실은 광고 이전에 거의 모든 승부는 끝나 있다는 것을 아는 사람.
- 루틴한 기존의 광고 프로세스와 이별하고 제품과 브랜드의 원점부터 다시 생각하고 싶은 사람.
- 기술 관점 보다 상상력 관점에서 신제품을 발견하고 싶은 사람.
- 제품에 대한 관점만 바꿔도 신제품이 될 수 있다고 보는 사람.
- 브랜드 네임 하나도 시장을 바꿀 수 있다고 믿는 사람.
- 인문학적 통찰력이 제품과 브랜드에 담겨 있어야 한다고 믿는 사람.
- 제품부터 매장까지 일관된 디자인 폴리시를 원하는 사람.
- 미적, 지적 수준과 함량에 결격 사유가 없는 사람.
- 무엇보다 시장을 획기적으로 바꿀 수 있는 가장 확률 높은 방법을 찾는 사람.

10장. 재미즘의 나라

난 재미있으니까 광고를 하는 것이고,
상품은 필요하니까 나오는 것이고,
광고는 그 상품을 팔아야하니까 하는 것이다.
내가 행복하니까 하는 것이다.

10장.
재미즘의
나라

오래전에 덴쓰에 간 적이 있다. 지금도 큰 회사지만 그때는 아주 아주 커 보이던…어쩌면 지방 어느 촌놈이 으리으리한 서울의 빌딩 숲에 던져진 것 같은 약간의 주눅과 경외와 찜찜함과 알량한 자존심 등이 거칠게 화학반응을 일으키며 일주일을 보냈던 기억이 난다. 자본주의 역사가 짧으니 광고의 역사가 짧고 더욱이 CD의 역사는 역사라고 할 것도 없이 막 걸음마를 떼던 시기였으니까 매 시간마다 들어오는 덴쓰 CD들의 이야기와 작품들은 침을 꼴깍 꼴깍 삼키며 듣기에 충분했다.

그들에게는 아마 눈망울 초롱초롱한 귀여운 학생쯤으로 보이지 않았나 싶다. 무엇보다 CD 한 사람 한 사람이 가진 '광고란 무엇이고, 왜 광고를 하는지'에 대한 진지한 사유와 철학을 훔쳐보는 일이 즐거웠다. 그건 당시 우리나라 대부분 광고인들이 그랬지만 개인적으로도 일본 광고 특유의 정서에 빠져 있던 탓이 아니었나 싶다. 아니면 우리 광고계의 철학적 빈곤에 늘 냉소적이었던 젊은 날의 치기가 더해졌던 것 같기도 하고.

어쨌든 그중에 가마타 이치로 CD의 주장이 기억에 남는데 요지는 이렇다. "나는 세상에 선보여지는 모든 상품은 사람을 보다 행복하게 하려고 만들어진 것이라는 전제하에 광고를 제작하고 있다. 그 상품의 어떤 부분, 어떤 기능이 사람들을 행복하게 하는 것일까를 파악하고 그것을 소비자에게 전달하는 것이 우리에게 주어진 일이며 책임이라고 생각하고 있다." 꽤 오랫 동안 그가 부러웠다. 얼마나 좋을까 저 사람은. 저렇게도 아름다운 직업관, 저렇게도 투철한 사명감을 가졌으니… 물론 그이도 그런 생각을 가지기까지는 녹록지 않은 세월이 있었겠지만. 어쨌든 그이의 생각은 일견 '있어 보였고', 잘 정돈된 서랍 속을 보는 것 같았다.

그런데 요즘은 직업이나 광고에 대해 조금 다른 생각이 들기도 한다. 내가 하는 일에 가치부여 하기가 혹은 의미부여 하기가 정말 그렇게 의미 있는 일일까. 강박관념 혹은 일종의 콤플렉스 아니면 오래된 미신 아닐까. 물론 공개적으로 어떤 광고를 좋은 광고라고 생각하세요? 라는 질문을 받으면 이 정도가 내 대답이다. "영향을 미치는 광고죠. 첫 번째로 제품의 판매나 브랜드의 가치를 올리는 일에 영향을 미쳐야 하고, 나아가 그 광고가 다른 광고들에도 영향을 미치는 광고가 됐으면 좋겠고, 더 나아가 그 광고가 우리 사회에도 좋은 영향을 미치는 광고. 그런 광고가 좋은 광고고 만들고 싶은 광고죠." 괜찮은 정리다. 정치적으로도 교육적으로도. 실제로도 그런 광고를 만들고 싶다. 하지만 더 본질적으로 들어가면 지금의 난 백남준에 동의하는 편이다. 음악을 하다가 왜 비디오 아트로 바꾸셨어요? "재주가 없으니까." 왜 하필 비디오 아트를 하셨죠? "재미있잖아." 심플하기도 하거니와 솔직하고 매력적이다. 적어도 개인적으로는 그렇다. 난 재미있으니까 광고를 하는 것이고, 상품은 필요하니까 나오는 것이고 광고는 그 상품을 팔아야 하니까 하는 것이다. 사람들을 행복하게 하려고 하는 것이 아니라 내가 행복하니까 하는 것이다. 나는 이 점이 가장 중요한 관점이라고 생각한다. 때로 지나친 사명감은 건강을 해치고 나라를 망친다. 특히 바보가 사명감만 강할 때는 치명적이다. 사실 일을 잘하는 사람들의 비밀(?) 중 하나는 재미있으면 하고 재미없으면 하지 않는 것이다. 아니면 내가 재미있게 할 수 있는 환경으로 만드는 것이다.

이 재미즘zamism의 가장 큰 장점은 누가 시키지 않아도 밤을 새우며 한다는 것이다. 대체로 나에겐 두 가지 광고만 존재한다. 재미있는 광고와 재미없는 광고. 아! 여기서 주의. 1. 물론 마켓에서의 성공은 대전제다. 2. 재미있는 광고를 웃기는 광고로 오해하지 마시길.

그런데 광고주 중에는 특별한 재주를 가진 사람들이 가끔 있다. 점점 일에 재미를 잃게 만드는 사람들이 그런 사람들인데 결국은 본인들의 손해로 귀결되는 일을 많이 본다. 그런 사람들이 자주 하는 일의 하나가 광고 회사 비딩인데, 본인의 무능력을 감추는데 이것만큼 효과적인 게 없는 듯하다.

덴쓰의 구보 CD는(그 당시 기획파트와 사이가 굉장히 안 좋았다.) 오래전에 AE를 네 가지 유형으로 구분한 적이 있다. 나는 가끔 이것을 오히려 광고주로 대입시켜 생각해보는 것도 나쁘지 않다는 생각을 하곤 했다. (팔자 눈을 지그시 감은 채 나직한 목소리로 라디오처럼 읊조리던 그의 모습이 떠오른다.) 그 네 가지 유형이란 다음과 같다. 첫째, 가장 훌륭한 광고주는 광고를 잘 알고 크리에이티브에 자유를 주는 사람이다. 그다음 훌륭한 광고주는 광고를 잘 모르지만 크리에이티브에 자유를 주는 사람이고, 세 번째는 광고를 잘 알고 크리에이티브에 자유를 주지 않는 사람, 그리고 마지막으로 가장 나쁜 광고주는 광고를 잘 모르고 크리에이티브에 자유를 주지 않는 사람이다. 구보 CD 이야기를 재구성한 이 이야기는 아주 속 좁은 '광고 회사 사용 설명서'라 할 수도 있을 것 같다.

가끔, 때로는 공식적으로, '어떻게 하면 좋은 광고를 만들 수 있을까?'라는 주제를 가지고 심각한 회의를 하거나 강제 인터뷰를 당할 때가 있다. 대체로 시스템이나 프로세스에 관한 해답을 구하려는 노력인데, 내 대답은 무척 무성의하며 무책임해서 미안하기도 하다. (그래서 사실 그런 자리에 가기가 괴로울 따름이다.)

아주 쉽게 이야기 하면 '세 사람만 있으면 된다' 이것이 내 지론이다. 그 세 사람은 광고회사의 CD 그리고 전략을 책임지는 전략가(광고회사에서는 마케터 혹은 AE 외에 다른 여러 이름으로 불릴 수 있지만, 한마디로 Strategist가 가장 근접한 단어다.) 그리고 광고주의 마케팅 디렉터다. 이 세 사람이 함량이 충분한 사람으로 이루어져 있고(특히 광고주의 마케팅 디렉터의 경우 의사결정 권한이 있어야 함.) 호흡이 잘 맞는다면 거의 모든 문제를 해결할 수 있다는 것이 나의 생각이다. 그리고 이 생각은 틀림없다.

사실 많은 문제가 늘 이 세 축의 불균형에서 일어난다. 그리고 그것은 조직과 인생의 낭비로 이어진다. 하지만 그 세 사람에게 모든 권한을 준다면, 모든 일이 스스로 그것도 어마어마한 속도로 잘 굴러갈 것이다. 흔히 말하는 프로세스와 시스템 또한 매뉴얼을 강요하기보다는 그 사람들이(그런 사람들로 구성되어 있다면) 가장 일을 잘할 수 있는 환경을 스스로 가질 수 있도록 자유를 주는 편이 훨씬 더 좋은 결과를 만들어낼 것이다. 그래야 일도 재미있게 할 수 있다.

따라서 광고주 입장에서 보면 본인만 훌륭하다면 무분별한 비딩보다는 본인의 파트너로 누가 훌륭할까를 고르는 편이 훨씬 현명한 일이다. 그다음엔 그들의 헌신을 위해 당근과 채찍을 영리하게 사용하면 된다. 가장 좋은 당근 중에 하나는 그들을 재미있게 만들어주는 일이다. 그들은 대체로 성실하나 알고 보면 조울증에 빠져있으며 가끔은 병적인 나르시시즘에 허덕이는 나약하고 소심한 인간들이 대부분이다. 그들에게 칭찬이라는 약은 많이 투여할수록 큰 효과를 볼 수 있다. 유머로 그들을 대해주길 권하며 세련된 감각의 소유자인 척하거나 광고를 작품 대하듯 하면(물론 아니꼽더라도 말이다.) 그들의 두뇌를 더욱 촉진시킬 수 있다. 그리고 가끔은 트렌드를 이야기하거나 그들이 모르는 주제로 그들의 자존심을 좀 상하게 하면, 아닌 척하지만 그들의 의기는 급격히 소침해지며 밤을 새울 의지로 온몸이 불타오르기도 한다. 하지만 이것은 대단히 민감하니 교묘히 사용하길 권한다.

이렇게 함량이 충분한 세 명의 사람이 만난다면 광고만큼 재미있는 일도 드물다. 나는 운이 좋게도 오랜 시간 동안 좋은 광고주만 골라 만났다. 몇몇만 빼고는.(좋은 AE들도 많이 만났는데 그것이 나의 불충분한 함량을 커버해주는 행운으로 작용했다.) 그래서 재미있게 일을 해왔는지도 모른다.

한편으로 광고 회사에서 재미있게 일을 하려면 가장 중요한 덕목 중 하나가 광장처럼 넓은 마음을 가져야 한다. (굳이 다른 표현으로 하자면 스폰지처럼 흡수력이 좋아야 한다.) 확신을 경계해야 하고 많은 사람의 말에 귀를 기울여야 한다. 모든 가능성을 열어두고 여러 사람들이 생각 속을 헤매면서 놀아다니는 것을 좋아해야 한다는 말이다. 생각의 감옥 속에 갇혀 있기 때문에 답답해지고 길도 보이지 않고 때로는 자가당착에 빠져 자기 말을 못 알아 듣는다고 자신 뿐 아니라 모두를 재미없게 만드는 것이다. 갈매기 조나단의 말처럼 생각의 사슬을 끊지 않으면 다른 세상을 볼 수 없다.

아인슈타인은 서로 이질적인 두 개의 사물을 합치면 제3의 물질이 형성된다고 말했는데, 사실 그것이 크리에이티브의 핵심이기도 하다. 대립물이 서로 화해하고 새로운 조화물로 탄생하는 것. 크리에이티브란 다시 말해 원융圓融의 미학이기도 한 것이다. 양옥집도 초가집도,

충신도 간신도, 신도 악마도, 좌도 우도, 청淸도 탁濁도, 어느 것 하나 배척하지 않고 어느 것 하나 잘났다고 싸우지 않고 원융의 주물통에서 엎치락뒤치락할 때 아이디어가 나오는 것이다. 굿비 앤 실버스타인(미국 샌프란시스코에 있는 광고 회사)의 제프 굿비는 오래전에 한 인터뷰에서 이런 말을 했는데, 매우 공감했던 적이 있다.

때때로 아이디어가 뭘까 하는 생각이 들 때가 있어요. 제 생각엔 아이디어도 아이디어인데 그것 보다 우선 모든 걸 받아들일 수 있는 어떤 마음의 자세가 중요한 것 같아요. 많은 사람들이 앉아 있다가 '앗, 아이디어가 떠올랐어'라고 했을 때에는 그림이나 글을 어떻게 해야 되겠다거나 아니면 비즈니스 문제를 어떻게 풀어야겠다는 생각을 의미하는데, 제 생각엔 그것보다 매일 열린 마음으로 돌아다니면서 마음 속에 집어넣는 정보나 이미지가 더 중요하다고 봅니다. 그리고 아무도 따라할 수 없을 정도로 그 일을 꾸준히 해야 해요. 그리고 우리는 사소한 것들에 너무 많은 집착을 하는데 예를 들어 청구서 지불이라든가 운전이라든가… 그런 것들에 집착하는 일이 아이디어를 죽이는 원흉입니다. 아이디어란 집착해서 되는 게 아니라 열린 마음에서 나오는 겁니다. 때때로 사람들은 '자, 어디 한번 이 문제를 풀어볼까'하면서 자리 잡고 집중하기 시작하지요. 그런데 실제로는 집중하지 않거나 걸어다니면서 자연스럽게 부딪히는 정보들에 마음을 열 때 훨씬 더 일이 잘 풀립니다. 시(詩)란 서로 동떨어진 것들을 긴장 속에 묶어 둘 때 탄생한다는 엘리엇, T.S. Eliot의 말대로라면 서로 엮고 묶기 전에 먼저 그럴 재료들을 모아야만 합니다. 그렇기 때문에 늘 열린 마음으로 이것 저것 받아들이고 모으고 준비하는 자세가 중요합니다.

아이디어란 열린 마음에서 나온다. 내 가슴은 광장이어야 하고 내 머리는 놀이터여야 한다. (이건 사람 좋다는 소리하고는 다르다. 사람으로서는 오히려 나쁜 사람일 수도 있다.) 수많은 생각과 이미지를 거침없이 받아들이고 그것들이 내 안에서 마음껏 뛰어 놀게 해야 한다. 하등의 관계없는 방법으로 융합했다 분열하기를 반복해야 하며, 이 생각과 저 생각이 연결되는 것을 즐기고, 그러다 그 생각들을 결혼시켜 그럴듯한 아이를 만들어 세상에 내놓는 일을 내 일로 생각해야 한다. 그런 의미에서 삼류는 베끼지만 일류는 훔친다고 말한 피카소는 아주 영리한 크리에이터임에 틀림없다.

광고인들의 위대한 스승 윌리암 번벅William bernbach의 일화를 보면, 그의 오른쪽 호주머니에는 늘 '내가 틀릴 수도 있다I may be wrong.'라는 메모가 들어 있었다고 한다.(나는 이 말을 좋아하는데, 우리 사회도 이 말을 좋아했으면 좋겠다.) 그 역시 생각의 감옥 속에 갇히지 않으려고 긴장을 늦추지 않았던 것 같다. 광고하는 일의 재미란 이렇게 여러 생각들을 집어넣고 이런저런 퍼즐을 맞춰보는 데 있다. 이 재미를 모르면 아이디어 또한 당신에게 손을 내밀지 않을 것이다.

광고는 20세기 최고의 예술이다. 마셜 맥루한Marshall McLuhan의 이 말 밑에 어떤 사람이 이렇게 적어놓았다. '휴, 20세기가 끝나서 다행이다.' 물론 유머다. 하지만 광고에 대한 염증도 담고 있다. 광고는 학식 있고 양식 있는 사람들에게는 늘 못마땅함의 대상이었다. 그것은 광고 스스로 초래한 면도 없지 않지만, 광고를 좁은 의미로 대하는 관행 때문이기도 하다.

그리고 여전히 하수도 수준의 광고는 어느 시대, 어느 나라나 일정

부분 존재하고 눈살을 찌푸리게도 한다. 하지만 그런 논의와 상관없이 광고 회사는 이미 광고라는 한정적 의미를 넘어 모든 종류의 커뮤니케이션을 설계하고 연출하는 집단으로 이동하고 있다. 기업의 제품과 브랜드의 마케팅은 물론이고 대통령을 당선시키기도 하며 월드컵이나 올림픽을 연출하기도 하고, 낡은 도시를 살리기도 하며, 인종 문제를 해결하기도 하고, 환경운동의 기수가 되기도 하고, 아트나 영화, 방송과 같은 이웃 장르들과 끊임없는 교배를 통해 새로운 문화를 만들어내기도 한다. 광고는 내가 처음 이 일에 들어왔을 때보다 훨씬 더 재미있어졌으며 의미있어졌다. 현대의 광고는 일종의 통섭학이다. 인문학 경영학 미학 공학 어느 것 하나 간섭하지 않는 것이 없다. 사회문화적 지도로 볼 때도 광고는 통섭적 지점에 위치하고 있다.

그렇기 때문에 나는 광고회사가 더 큰 용광로가 되기를 원한다. 여러 분야의 아이디어와 콘텐츠들이 그곳에서 밤마다 거친 숨을 쉬어대며 살을 섞고 비명을 질러대길 희망한다. 그리고 더 많은 꿈들이 광고와 손을 잡기를 희망하며 그곳에서 더 많은 웃음 소리가 넘실대기를 희망한다. 광고처럼 재미있는 일은 없다는 말이 여기저기서 들리기를 희망한다. 재능 있는 많은 젊은이들이 광고를 꿈꾸고, 새로운 패러다임의 광고 회사를 너도나도 차려 먼 훗날 그들의 이름이 전설이 되기를 희망한다.

마치며:
내가 만난 아주 사소하지만
특별한 사인Sign들에 대한
보고서

 인생의 수많은 일이 그렇지만 느닷없이 오기도 하고 느닷없이 가기도 한다. 사실은 이 책도 느닷없이 썼다. 언제부턴가 우연을 즐기는 인생을 살아온 것 같다. 심하게 말하면 무책임하게 살아왔다는 얘기다. 그 편이 훨씬 솔직해 보였고, 끝 간데없이 가다 보면 어느 순간 정말 아무 판단 기준이 서지 않아서이기도 했다.
 '네 피를 쫓아라'는 보들레르의 말처럼 내가 끌리는 것이 '나'라는 생각이 모든 생각을 이겨왔다. 아니 내가 끌리는 것이 아니라 어쩌면 무언가가 나를 끄는 것이란 생각을 많이 했다. 그것은 가끔 가슴속 깊은 곳에서—어떤 사람들이 영혼이라고 말하는—나오는 소리일 때도 있고 때로는 아무도 눈치채지 못한 몸짓일 때도 있고 빛의 움직임일 때도 있고 새소리일 때도 있고 아이의 칭얼거림일 때도 있고 어머니의 퀭한 눈일 때도 있고 불꺼진 창일 때도 있고 젖은 낙엽을 밟는 느낌일 때도 있다.

  중요한 것은 그 시간 그 장소에 내가 있었다는 것이다. 이 얼마나 신기한 일인가. 그리고 더 중요한 것은 그 아무것도 아닌 것들이야말로 특별한 사인Sign일 수도 있다는 것이다. 그것들은 너무나 아무것도 아닌 것들이라 너무나 아무것도 아닌 얼굴을 한 채 지나간다. 아마 그것들 입장에서 보면 '오늘도 들키지 않았네' 하며, 안도의 한숨을 내쉴 수도 있다. 아니면 그들은 사력을 다해 보여주려고 애썼는데 이 무심한 영혼들은 오늘도 무심하게 하루를 마감하는구나, 라고 할 수도 있겠다.

  누구에게는 서너 장의 그림으로 하루가 정리되지만 누군가에게는 수백 장의 그림으로 하루가 마감된다. 운명, 신, 절대자-아무래도 좋다-는 아주아주 세밀하게 사인을 보낸다. 아니 어쩌면 그들에게는 작고 크고의 개념이 없기 때문일 수도 있다. 모두 크기도 하고 모두 작기도 하기 때문일 것이다.

  사과나무에서 사과가 떨어지는 것을 본 사람이야 유사 이래 얼마나 많았겠는가. 하지만 그것이 위대한 사인Sign이었음을 알아차린 사람은 단 한 사람뿐이었다. 광고 일을 어찌 뉴턴의 이 같은 일에 비견할 수 있겠느냐마는, 언제부턴가 이 아무것도 아닌 것처럼 스치듯 왔다가는 사인Sign들을 주워 모으는 일이 버릇이 되었다. 그것이 때로는 좋은 생각이 되기도 했고 운명의 부름이 되기도 했다. 이 책은 결국 그런 책이 되었다. 내가 만난 아주 사소하지만 특별한 사인Sign들에 대한 보고서라고나 할까.

미팅 나가서 파트너를 잘 만나는 것처럼, 좋은 파트너들을 만나게 되는 건 순전히 운에 해당한다. 스승이 필요할 땐 스승을 만났고 좋은 AE, 좋은 아트디렉터, 좋은 카피라이터가 필요할 땐 그런 분들이 내 옆에 있었다. 부족한 부분을 늘 보충받고 수혈받을 수 있었으니 이 어찌 감사하지 않을 수 있겠는가. 특히 많은 광고주들로부터 받은 믿을 수 없는 신뢰는 능력 이상의 능력을 발휘하게 했다. 두고 두고 감사해야 할 일이다.

책이 나오기까지 오랜 시간 참으며 힘이 되어준 이와우의 우재오 북에디터, 늘 각별한 조언과 함께 지지를 보내준 오랜 친구 동국대 김봉현 교수, 천재적인 아트워크로 디자인을 도와준 크리에이티브 디렉터 김양훈 후배에게 특별한 감사를 드린다. 그리고 때로는 독자로 때로는 편집자로 늘 옆에서 쉬지 않고 달릴 수 있도록 에너지가 되어준 아내, 그리고 나의 첫 스승 아버지와 어머니께 이 책을 바친다.

이 현 종

心 스틸러

마침내, 마음을 여는 열쇠를 얻다.

초판 1쇄 인쇄 2015년 1월 26일
초판 1쇄 발행 2015년 2월 2일

지은이	이현종
펴낸곳	(주)도서출판 이와우
주소	경기도 고양시 일산동구 마두동 750 5층
전화	031-901-9616
이메일	editorwoo@hotmail.com

출판등록 2013년 7월 8일 제2013-000115호

인쇄·제본 (주)현문

정가는 뒤표지에 있습니다.
이 책은 저작권법에 의하여 보호를 받는 저작물이므로 무단 전재와 복제를 금합니다.
잘못된 책은 구입하신 서점에서 교환해 드립니다.

ISBN 978-89-98933-06-7 (03320)